跟着韩剧游
首尔
Seoul

赵卓琳 编著　翟东风 摄影

上海锦绣文章出版社
上海故事会文化传媒有限公司

序
Seoul（首尔）真的很 Soul

首尔的英文是 Seoul，无论是音与形都十分接近 Soul（灵魂）。
是的，首尔有着自己独特的灵魂与魅力，也有着像韩剧般吸引人的气场。

作为一个旅游记者，我特别喜欢首尔。

其一，它离中国很近，只需两三个小时的飞行，你就可以感受到异域风情。其二，首尔有山有水好风光，同时又是时尚的大都市，繁华与自然皆有之，是不可多得的一站式旅游地。其三，首尔就像韩剧里呈现的那样，有着东方式的浪漫和温情。其四，就像首尔人对自身外形的关注一样，无论是建筑还是服饰，都有着独特的设计美感。

现实中的首尔，一定有你想要的浪漫。

在首尔，我发现了有这样一种公司，他们的工作就是发现城市中最美好的地点和场景。比如某部韩剧需要什么场景，他们就沿着编剧们的思路去寻找那样的场景。通过画图、踩点等方式，帮剧组敲定那个特定的外景地。

这样的地点，有可能在江边，有可能在山上，有可能就是一条蜿蜒的小马路，或者，就是一个酒店、餐厅甚至一个不起眼的私人住宅。

所以韩剧里的某个景点经过精心挑选与拍摄，会特别地打动到你的内心。你甚至会惊奇地发现，韩剧里经常呈现的欧洲的场景，都是在首尔拍摄的。

首尔的魅力，可以说是多面的。

在这里，要感谢首尔特别市，首尔特别市观光振兴课对此书进行了大力的支持与赞助。他们对这本书也倾注了极大的心血并寄予厚望，希望大家能从另一个侧面欣赏首尔，感受首尔。

在此也要感谢首尔 Location Plus 公司的专业帮助。

希望这本书能带给大家一个美好的旅行规划。

目 录

TASTE
首尔的味道有点甜

咖啡王子一号店　008
咖啡王子二号店　014
对不起我爱你，就在这里　022
"野蛮师姐"的咖啡馆　028
这里的味道很"裴勇俊"　034
Cafe Drama，自导自演山寨韩剧　038

SCENERY
现实版王子公主约会地

每个人心中都有一座南山　044
奥林匹克公园 人人都走过恋人山坡　052
像"布拉格恋人"那样漫步清溪川　056
63大厦 像"My Girl"一样在这里许下愿望　062
首尔广场 邂逅的无限可能　072
乐天世界"浪漫满屋"的游乐场　076
骆山公园 首尔的蒙马特　086
仁寺洞 以传统和艺术的名义，好好享受人生　090

PALACE
宫廷，大隐隐于市

云岘宫 & 德成女大东国洋馆 王妃们的深造地　098
景福宫 最华丽的历史正剧　104
三清阁"食神"在此　108
德寿宫 恋人路的前世今生　114
北村韩屋 在皇城根下幸福相会　120

CAMPUS
校园内外亦风情

"花样男女"们聚集的弘大前 *126*
在延世大遇见"我的野蛮女友" *134*

STAR
在这里邂逅明星

明洞：Made In Korea！ 韩流始发地 *140*
狎鸥亭洞：首尔的比弗利山庄 *148*

HOTEL
像韩剧一样值得回味的酒店

华克山庄 情定大饭店 *158*
凯悦酒店"巴黎恋人"的玻璃之城 *162*
乐天饭店 哪里有灰姑娘的水晶鞋？ *168*

BASIC SEOUL
一站式玩转首尔！

美食 *174*
交通 *182*
必游景点 *186*
娱乐 *197*
购物 *202*
酒店 *212*

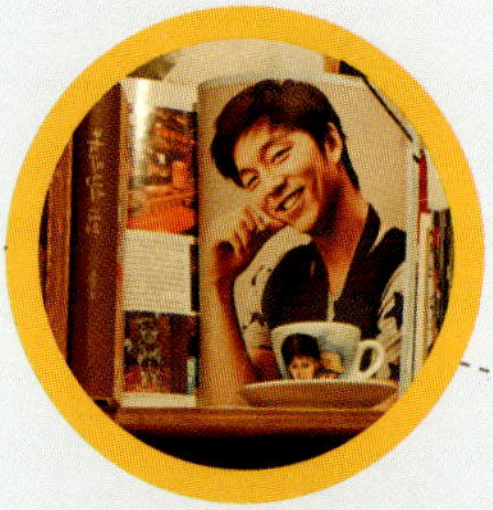

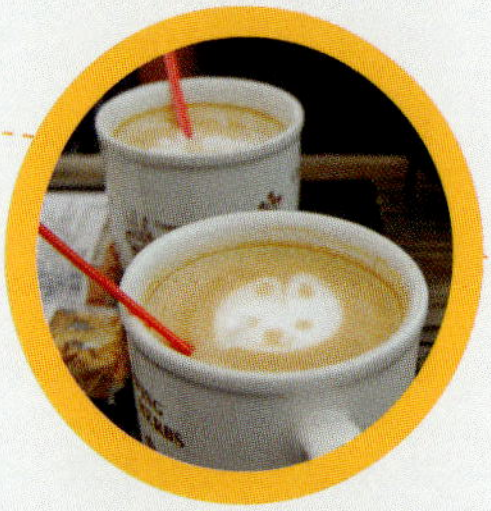

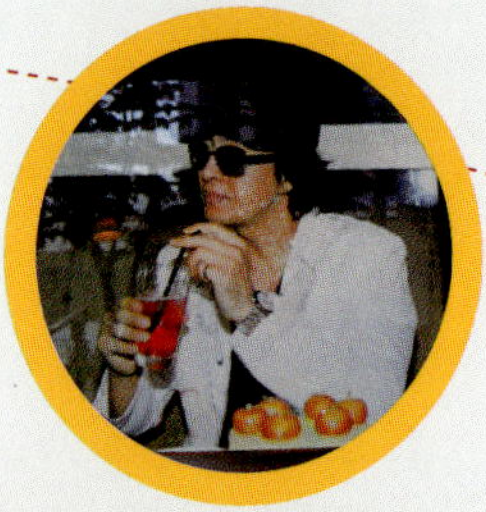

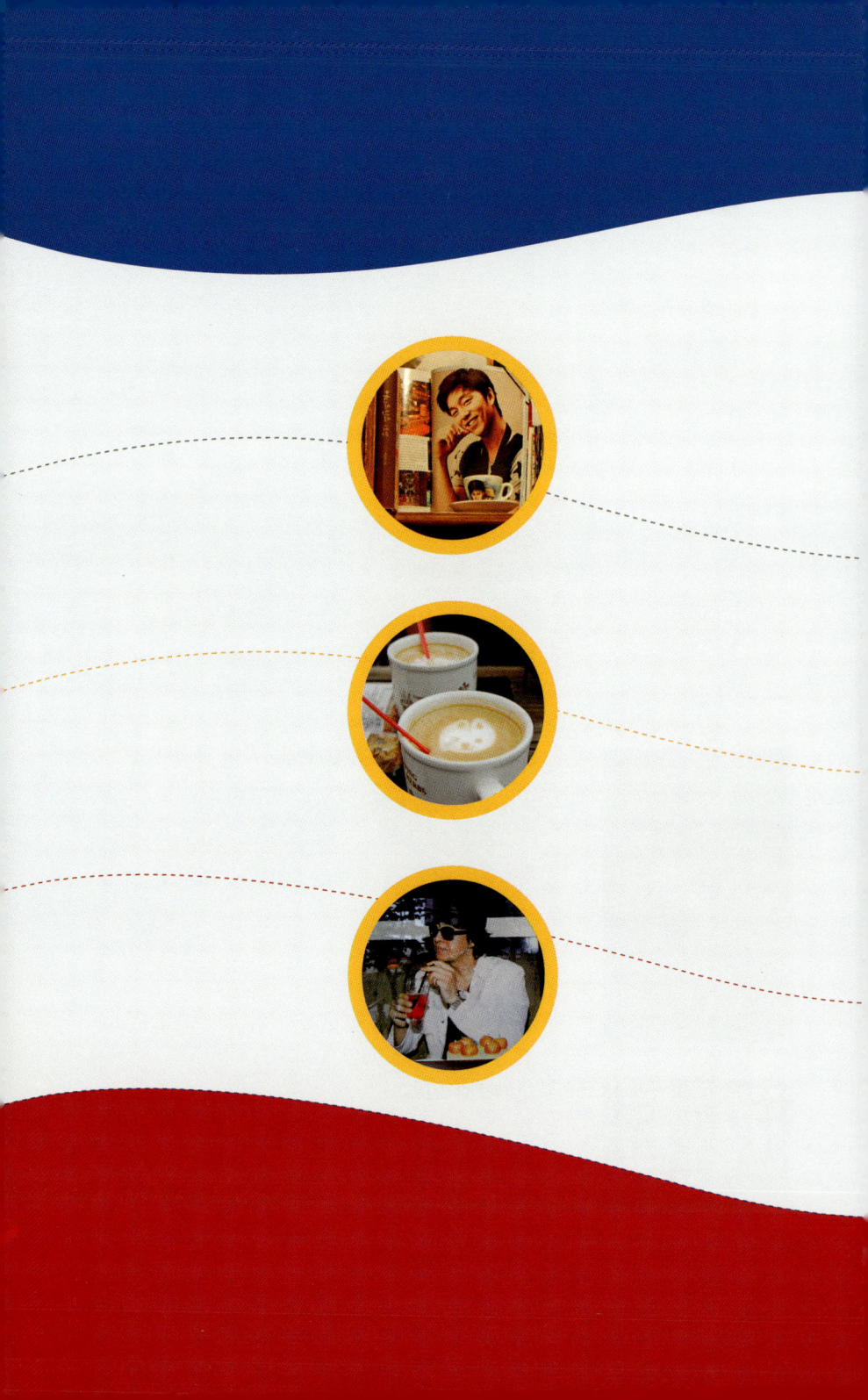

首尔的味道有点甜

看韩剧的感觉,就像是给生活加点糖。

现实中的首尔,整个城市都飘荡着微甜的香气。

无论是咖啡馆、甜品料理店,还是新晋流行的红酒餐厅,你都能在其中品尝到一丝甜味。不多不少,这种甜味让人享受和振奋。

不来到首尔的街头你不会知道,首尔的年轻人热爱咖啡到了痴迷的地步。

隔三五步路就会有一个咖啡馆,这种密集程度绝对大过东京和上海。首尔的自动咖啡机的普遍,就如同饮水机的普遍一样,甚至在一个平凡的餐厅,餐后都会免费赠送一杯咖啡。

首尔的咖啡也有特别的本土口味。偏甜或偏淡是比较流行的,正应了首尔甜美清新的城市气质。捧着一杯温暖的咖啡和甜美,让人感到幸福、充满希望。

首尔的咖啡馆,葫芦里卖的也不仅仅是咖啡。Cafe Drama、咖啡王子一号店、"野蛮师姐"的咖啡馆……就像韩剧一样,咖啡馆里有情节,有气氛,有点小心思。

真实的浪漫,就藏在微甜的咖啡香里。

咖啡王子一号店

韩剧关键词》《咖啡王子一号店》中男主角经营的咖啡店
首尔流行》可爱的花式咖啡、苏活（Sohu）艺术、咖啡师（Barista）

我认识的一个时尚圈资深编辑的 MSN 在两个月前就改成了"要去孔侑的那家咖啡店"。一问才知道原来从不迷韩剧的她居然被一部《咖啡王子一号店》里的男主角迷得七荤八素。有的时候你不得不佩服韩剧的魅力，真爱无敌这样的主题加上漂亮的男女主角还是不经意间抓住了那些自诩为熟女们的心。

首尔的咖啡文化在这部韩剧里有了最大呈现。

这里很年轻，很自在……每个人来到这里，都会怦然心跳吧。

Taste
首尔的味道有点甜

首尔的苏活艺术

沿着 Seven Springs 胡同右转后,再在丁字路口左转,沿着游乐园上侧的路步行一百米左右后,再往右侧道路方向直行五百米左右……OK,远远的你还看不出这是一个咖啡馆,因为入口处即是一个庭院,现在依然绿意盈然。没错,当年剧组看上这里就是因为能在繁华处享受自然。再往里走,透过大大的弧形落地窗就可以看见年轻人聚会的身影。其实,这里过去是一个私家宅院,主人经营了十多年,但剧组的拍摄将此咖啡馆活生生地演变成名胜景点,

Seoul
跟着韩剧游首尔

实在是令人刮目相看。

剧集中这个只招募帅哥服务生的咖啡店现在已没有了"咖啡王子"。剧集中的"王子"们在咖啡店里依然随处可见,照片、签名、招贴画,甚至"女王子"尹恩惠的原创绘画作品依然保留着。尹恩惠在剧中立志做一个咖啡师,由于这部韩剧的走红,咖啡师这个新兴名字在首尔也因此走红起来。

咖啡馆如此聚集人气的原因还因为它本身就是首尔苏活艺术的绝好写意。没错,充满了王子公主情结的韩国年轻人们,虽然有些"自恋",但总在设计细节或玩味创意之处,制造惊喜给你。

这里很像纽约苏活区的一个艺术仓库。向日葵背景墙,保留着做旧的感觉,上面有演员们与名人们的签名。可以告诉你的是,那些向日葵是画在纸上再贴上去的。这幕墙让人想起女主角画家韩柔珠一边绘画一边喝红酒的场面。

往里走到中央落地窗区,这里的沙发靠着落地窗,舒服极了。玻璃窗上的绘画是一大新鲜元素。这类看似是随意涂鸦的绘画作品形式感极强,其实也更考量画工。深色的玻璃窗配上流畅的白色图案,任何一根多余的线条都会影响美感。

Taste
首尔的味道有点甜

Seoul
跟着韩剧游首尔

　　室内大量运用黑板做装饰素材，这是带着年轻气息的装饰艺术。灯光暗暗的，往头顶一望，许多复古的装饰诸如提线木偶从天花板垂在你眼前，更可看出许多细节是故意呈现粗糙。而悬挂在你头顶上的显眼的"白衬衫"，既让人想起剧中"王子"们的打扮，又在一片深色调中添加了温馨的对比元素。

　　到了傍晚，四周亮起了灯。这里有用纯灯泡组合成类似一朵花样式的灯。很直接，也很浪漫。从咖啡馆的设计来看，在首尔的众多咖啡馆中，这里

Taste
首尔的味道有点甜

也称得上排名靠前的"王子店"。这样的布景，本身就是一种吸引力。也难怪，周围拿起相机拍照的人比坐着喝咖啡的人要多。

爱上一杯画着小熊的花式咖啡

看着《咖啡王子一号店》中的王子们以铁汉柔情般的温柔手势做出一杯带着小熊图案的花式咖啡是啥感觉？每个女孩的心会都怦怦直跳了吧。

首尔的咖啡有特别的本土口味。一般来说，偏甜或偏淡是比较流行的，也许正应了首尔甜美清新的城市气质。而花式咖啡也在近年来非常流行。韩国的花式咖啡，不仅有简单的树叶图案、桃心图案，还有更复杂也更可爱的小熊图案、猫咪图案等等。

位于前台的黑板上，恩灿每天都要更新的用粉笔描写的价格字样依旧如初。建议你一定要喝上一杯画着小熊的花式咖啡，唇齿留香之间感受女主角将咖啡师作为一项事业的努力追求。不要小看这一杯花式咖啡，自己试试看，连简单的"桃心"图案都是很难做的哦。

推荐卡布基诺浪漫情怀（Romano），这是在意大利咖啡中加上一条卷曲的柠檬皮；抑或是但丁奶油咖啡（Cappuccino Dante）。韩式的微糖主义，多加一点糖末，不管是哪种咖啡，你都能在那份甜意中得到一丝平衡。

就像生活，微甜和飘着淡香的咖啡人生，不是我们每一个人都憧憬的吗？

Tips

- **地址**：麻浦区西桥洞 337-2 号
- **交通**：首尔地铁 2 号线弘大站 4 号或 5 号出口。步行约 600 米即到
- **咖啡**：约 7000 ~ 8000 韩元。
最受欢迎的"王子咖啡"：
Romano、Cappuccino Dante、caffe latte（冷热可选）、caramel macchiato（冷热可选）
- **营业时间**：12:00 ~ 23:00
- **电话**：82-2-324-8085

Seoul 跟着韩剧游首尔

咖啡王子二号店

韩剧关键词》《咖啡王子一号店》男二号翰成的家
首尔当下流行》画廊 & 观景台 & 咖啡店

或许很多首尔人都还不知道这么一块风水宝地。

来到这里，你甚至不会觉得身在一个大都市。

付岩洞是藏在北岳山里的一颗未经雕琢的宝石。倚靠着总统府，付岩洞的灵秀与清透在阳光下显露无疑。名为"山洞"的咖啡馆完美诠释付岩洞的精髓。

之所以称它为"咖啡王子二号店"，是因为剧集中更为人熟知的咖啡王子一号店在弘大附近，而这里的主人公在剧集里也是第二号"王子"。虽说是二号店，但这里的风景堪称 NO.1。

《咖啡王子一号店》里才情洋溢而又长期陷于失恋苦恼的男二号翰成经常在这个"山洞"里直抒胸臆。如果你需要发泄，需要逃逸，需要埋葬过去的忧伤，或者是想寻找心灵深处的那一米阳光，来这里就对了。

Taste
首尔的味道有点甜

"开心农场"好散心

一路开车蜿蜒着沿北岳山上来,由于禁止开发商开发,山上大都还是普通的民居。这里的建筑最高不过两层。韩剧里最常见的晾着衣服的胡同小路在这里朴实地延伸着。

10年前,人们心目中的付岩洞还只是个"城里的乡村"。10年后,这里已经被封为"城市里的心灵农场"。就像现在风靡的开心农场的游戏,去"农场"遛一遛,是给你一个心灵放假的间隙。

当年的翰成的家已经更名为"山洞"咖啡馆。这个石头堆砌起来的咖啡馆在周围的民居的补托下更像是一个城堡。城堡的大门大大地敞开着,欢迎着每一个远道而来的人。一辆黄色老爷车在进门的院子里显得特别耀眼,米老鼠向你做出一个欢迎的姿势——就像是童话里的场景一样。

Seoul
跟着韩剧游首尔

系着领结的大门，似乎提醒着你这里就是帅哥的居住地。

古典还可以这么混搭

"山洞"实在是别有洞天。如果你没看过剧集，或者对这里的陈列有什么疑问，你都可以向会中文的服务员一一询问。那个戴着眼镜斯斯文文的帅气服务生还真像剧中的翰成呢。而且他对中国文化特别感兴趣，自己会反过来问你许多问题。

在这里仔细转转，眼睛真是一刻不停地在旅行。你才知道原来古典还可以这么混搭。家具是古典唯美的韩式风格，然而地下一层里随处可见的玩具却彰显出主人的童心未泯。各种各样的玩具，如甲壳虫、日本娃娃、泰迪熊等等，有趴着的，有坐在摇椅上的，

Taste
首尔的味道有点甜

Seoul
跟着韩剧游首尔

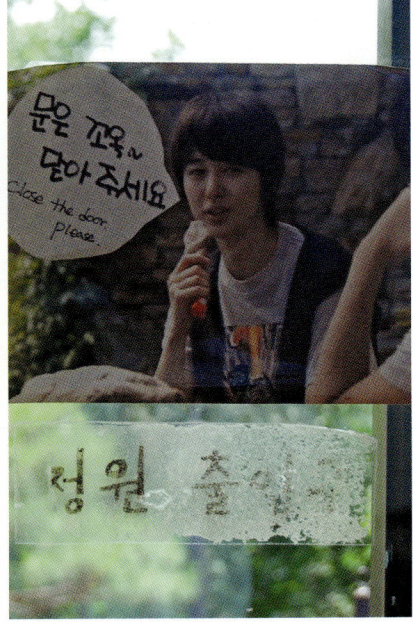

Taste
首尔的味道有点甜

坐在卡通迷彩车里的,有荡着秋千玩的,有藏在灯泡里的……真是千奇百怪,就像潜伏在这个"山洞"里的小精灵。

设计师显然花了太多心思。复古的电视机让你一走进就能看到屏幕里的自己,还有逼真的树桩,悬挂在房梁上的雪人灯等增添"山洞"气息。当然还有剧集中的主人公热爱的各类音乐元素,比如"王子"们共同热爱的架子鼓、LP老唱片等。

在这里似乎随处都可取景。为了摆出最好的Pose,你可以把自己想象成白雪公主,隐匿在这个山洞里,等待王子的到来。

看到这里,你一定会好奇这样的一个城堡的真

Seoul 跟着韩剧游首尔

正主人是谁？这里的主人是制造太平洋雪绿茶的长源业的前会长金义光。付岩洞的灵气吸引了一些画廊在此生根，几年前金会长就是在此逛画廊时看到这个房子的。他决定买下这个房子，因为这是他脑海里理想的家。当然，剧中和现实里的这些物品都是金会长的珍藏品。他还在仁寺洞经营着另一家店，由于擅长收藏，所以这里也相当于一个私人展厅，而金会长更把这里作为他今后养老的家。

来这里看看画廊，喝杯咖啡，再沿着小巷爬向北岳山高处……很惬意，不是吗？这里的画廊、咖啡馆、精品店更似一个个长在山上的"盒子"，打开这一个个盒子，不仅沐浴着芬多精，更给予你心灵的营养。

可看到首尔长城的山麓风景

端一杯画着小猫咪的花式咖啡坐在顶层露天座上，付岩洞和对面总统府的山麓风景尽收眼底。主

Taste
首尔的味道有点甜

人贴心地递过望远镜，仔细看还可看到沿着山麓蜿蜒伸展的首尔古长城。

与剧中经常出现的场景一样，底层露台是你可以躺下来释放自我的地方。剧集中翰成最喜欢躺在这铺着木板的露台上。在草坪上伸个懒腰，与山林零距离，面对山麓深深深呼吸，芬多精的功效出来了。你会感觉清新而充满能量，郁闷也会舒解许多。难怪这是忧郁的翰成大叔失恋时最喜欢呆的地方了。

露台本身也是风景。白色阳伞在一片青绿中特别亮眼，连悬挂在露台上的路灯都抒情得可以。石头雕塑充斥四周，更像是艺术品。有鸟型、兽型、古代人物造型等等，其中又以石雕马造型最多。木头桌椅的纹路清晰，造型也非常原生态。爱死了这里的原木味道。无论是室内的家具，还是室外的桌椅、地板，让人很想凑近去闻闻那和着咖啡香的木头香味。

Tips

- 地址：钟路区付岩洞 97-5 号
- 交通：从地铁 3 号线景福宫站的 3 号出口出来，乘换 7022、1020、0212、7018 路巴士，在付岩洞办公室车站下车，再步行前往即至
- 咖啡：6000～7000 韩元
- 茶：6000～8000 韩元
- 营业时间：11:00～22:00
- 电话：82-2-391-4737
- 网站：www.sanmotoonge.com

Seoul 跟着韩剧游首尔

对不起我爱你，就在这里

韩剧关键词》《对不起我爱你》崔允的家
首尔流行》红酒+牛排、最适合说出"我愿意"的地方

无数次武赫大叔（苏志燮饰）带着复杂的心情从崔允家走进走出，我们也跟着大叔的心情起起落落。这个史上最打动少女芳心的大叔带给我们一个绝对经典的角色。而片中崔允的家，位于江南三洞的带院落的外景地，现已成为能鉴赏首尔江南全景的一大宝地。

以下三点，能让被大叔打动的你再次被这里打动：

其一，首尔年轻人当中最流行的红酒配牛排的小资情调，在这里被发挥到了极致；其二，位于山坡小巷，可一览首尔江南市区风景；其三，餐厅内极尽浪漫之设计。试问，还有哪里比这里更适合说出"我愿意"？！

SO，对不起我爱你，就在这里！

Taste
首尔的味道有点甜

　　一定记得那个经典镜头吧：武赫大叔最喜欢倚靠在豪宅外的石墙上，看似玩世不恭的他最喜欢咀嚼口香糖并吹起一个大大的泡泡。那么大的泡泡忽然嘣的一下碎了，看得大家跟着武赫大叔一起心碎……所以，走过这个石墙，韩剧迷们一定有无限感慨！不过，先别着急着抒情，让我们走进这个院落来一窥究竟。

　　这个院落如果是私人家园，那一定是首尔的豪宅代表。

Seoul
跟着韩剧游首尔

进入被树木掩映着的大门，两边茂盛的松木迎接你拾阶而上（这个画面也在剧集中经常出现）。上至一个平台，豁然开朗，江南的高楼丛林一望无边。迎面而来一只欢快奔跑的古牧，似乎在向主人打着招呼：有客人来了！

一转身，剧集里的那个双层主体建筑就突现在你面前。外观与剧中并无二致，阿尔卑斯山 Villa 式设计，裸露在外的镶拼石墙和大大的落地窗让整座房子显得特别气派。超大玻璃窗外是高高的松树，大大的鱼缸，以及可遥望的都市风景……大户人家

Taste
首尔的味道有点甜

Seoul 跟着韩剧游首尔

的气派在任何一处都能流露出来。

跟着帅哥服务生进门。顺便说一句,这里的服务员个个也像是从韩剧中走出,不仅帅而且举止颇有风度,从精致发型上可见一斑。

房间里面已经做了很大的改观,但不变的还是延续阿尔卑斯 Villa 式的奢华感觉。头顶木梁裸露可见,石砌壁炉置于大厅前方。最里面的角落贴心地

Taste
首尔的味道有点甜

放置着挂衣架。这个房子随时以一个贵族主人的身份，迎接着远道而来的你。

　　足有两层楼高的陈列式酒窖更是表明了这里的气场。主人将红酒与古老的旅行箱和书籍共同陈列，让人更明白"典藏"的意味。沿着旋转楼梯上楼，以前"大叔"也是在这里上上下下，只不过剧情里的他心里总是五味杂陈，而现在来这里的人各个都充满了甜蜜和欢喜。

　　楼上似乎就是为情侣而设。毕加索的经典油画配上欧式宫廷水晶灯，整个色调洋溢着暖黄色，包括墙纸、皮质沙发椅，让人看着就心生喜悦。在这里说出"我愿意"，应该是每个女生在此经过时会浮现的小小心思吧。

　　而最美好的事物就是坐在外面的阳台上。木椅、木地板和木梁，一切都很"阿尔卑斯"。首尔的都市轮廓就凸显在你的眼皮底下了。当然，这幅都市山水画，还待你在微醺当中慢慢品味。

Tips
El Farol Restaurant
地址：首尔市江南区三洞 614-7号
餐饮：两人份的牛排加红酒大约十三万韩币，有点小贵，但是物有所值。
电话：82-2-554-8531

"野蛮师姐"的咖啡馆

韩剧关键词》《我的野蛮师姐》里的咖啡馆
首尔流行》集咖啡馆、红酒餐厅、迷你电影院、书吧等于一身的"Fusion"咖啡馆

《我的野蛮师姐》里,刚毕业的全智贤与张赫在咖啡馆里相聚,之后在雨中跳舞、旋转、歌唱,那个作为背景的咖啡馆在雨中像一个爱情的欢乐谷……

这个欢乐谷有个好听的名字——"野花庭园"。

这座三层楼的复合型咖啡馆,是我见过的最"Fusion"的咖啡馆。集咖啡馆、红酒餐厅、迷你电影院、书吧等为一身的"Fusion"咖啡馆,怎能不成为盛放年轻爱情的"欢乐谷"?

Taste
首尔的味道有点甜

❝野花庭园"不仅在剧中见证了男女主角的爱情,更在现实中见证了许多大学生们的青涩爱情。因为咖啡馆位于钟路区东崇洞大学路上,这条路是著名的"年轻街",大学生们表演话剧的"麦加圣地"。走在路上,时常遇到帅哥美女递来当天的剧场名目,盛情邀请你前去参观。

韩国朋友说,在许多韩国明星的少年时代或出道之前,都曾在大学路上的剧场里打过工。谁知道呢,或许下一个"全智贤"就出现在大学路上拥挤的人群中。走在大学路上,各式招牌五颜六色,很容易

Seoul
跟着韩剧游首尔

让你看花了眼。但你很难错过这家"野花庭园"。

这座三层楼皆为一家咖啡馆,在大学路上绝对堪称大手笔。这家店过去主营传统的韩国料理,或许是受学生们的创意启发,改为有着多维空间的复合型咖啡馆。这里有"城堡式"、"学院式"、"家庭式"等情境的角角落落,哪里都算得上好位子,只要你喜欢。

第一层占地面积非常大。往左边一侧走进去,仿佛走进了一个中世纪的古堡。复古的红色砖墙与拱形门充满了神秘感。而放置在一边的红酒架让这里看上去颇像欧洲乡下的酒窖。左侧的大厅更像年轻人课余聚会的大堂。

这里的镇店之宝——身形比羊还大的喜乐迪古

Taste
首尔的味道有点甜

Seoul
跟着韩剧游首尔

代牧羊犬似乎更喜欢呆在女学生们的身边。这里的客人们都与喜乐迪非常熟悉，就算它躺在身边，也就当多一个听众。Fusion 料理是这家店最大的特色。一定要尝尝这里的韩式炒年糕。传统的炒年糕是长条形并拌以韩式辣酱。这里的炒年糕不仅将形状做成椭圆形或葫芦形，加入海鲜或牛骨，连这里的喜乐迪都喜欢得不得了呢。

这里的风景也很fusion。"庭院"在"古堡"隔壁，完全是一派田园写意，庭院里有咖啡桌，旁边有枝形修剪得非常艺术的花木。手绘的水墨风景壁画更增添了庭园气息。这个空中庭院是完全开放式的，与周边以玻璃窗相隔。只见一个

Taste
首尔的味道有点甜

戴着大大耳环的时髦女孩气定神闲地坐在庭园里一边喝咖啡一边玩电脑,似乎完全不在乎周边有人在观看她。

　　走上楼,悬挂在楼梯边的锅碗瓢盘提醒你到了一个欧式厨房。一个转弯,图书架在窗边安静地自成一道风景。但真正上楼后,豁然开朗的是另一种情境。小小影院里放着电影,与楼下的喧嚣完全不搭。这不是那种酒吧里的放映厅,而是真正的有好几排座位的小影院。楼上更加安静,韩式的优雅藏匿在窗帘、沙发、布艺等角角落落当中。

　　这里灯光打得很暗,情侣靠着窗聊天,在外面的日照下形成了优美的剪影。大学路就在两人对望的窗边呈直角延伸过去,川流不息的人群铺垫着青春的底色,恍惚而梦幻。

Tips
- 地址:首尔市钟路区东崇洞1-87号
- 交通:地铁4号线惠化站出
- 电话:+82-2-745-5234
- 营业时间:10:00 ~ 24:00

Seoul
跟着韩剧游首尔

这里的味道很"裴勇俊"

韩剧关键词》《冬季恋歌》男主角扮演者裴勇俊的公司经营的餐厅
首尔流行》南瓜、地瓜等配制的韩国传统甜品药膳

"裴勇俊"三个字本身就是一个金字招牌。无怪乎 Tea Loft 虽然藏在明洞的乐天百货 14 层高楼之上，还是成为了无数粉丝们的专程驿站。

传统韩式点心料理店，一般都在仁寺洞或者高级酒店里。所以开在百货店里的这家店，绝对是值得推荐的。

这里有裴勇俊最爱的甜品，裴勇俊推荐的韩国传统料理，还有需要去抢的裴勇俊专座……

OK, Check out！

Taste
首尔的味道有点甜

满溢阳光的浪漫

为了抢得裴勇俊专座,我们准备一大早就前去Tea Loft。在明洞的乐天百货前等着开门,就看到有许多韩国的家庭主妇等待着购物了。转到12层,忽然看不见直行的路。原来转角有一部透明电梯在迎接我们,直接通往Tea Loft,这让人油然而生作为VIP顾客的自豪感。

没错,位于商场顶层,还有大大的玻璃落地窗,头顶上也是拱形的玻璃天窗,这里的阳光好得不得了。整个甜品屋就像个满溢阳光的透明盒子。

延续着《冬季恋歌》的基调,甜品屋也是一派浅色浪漫。被刷成白色的裸砖墙上书写着大大的Tea Loft,看得出主人所爱好的低调品位。这里有舒适的天鹅绒沙发,也有环保的藤椅。看得出主人也很喜欢天然的土黄色,比如木地板和桌椅,皆是这种色调。

Seoul 跟着韩剧游首尔

韩国料理讲究食材，这里也不例外。Tea Loft 采用的是不含任何防腐剂的有机食材，并经过手工处理。大部分茶品的原材料是从中药房里的食材中挑选出；再补充一句，裴勇俊还在首尔江南区新寺洞开了一家"Gorilla in the Kitchen"，同样也是经营健康料理的餐厅。来这里就算不为明星的噱头，也可体验韩式健康料理。

明星甜品很健康

南瓜在韩式甜品里占有重要角色。炖南瓜药膳是这里的明星甜品，里面加放了葡萄干、柚子、栗子等的配料，吃起来很香。另外年糕、打糕也是这里的特色，其中宫廷打糕可是《大长今》里皇帝的最爱呢。

现在隆重推荐裴勇俊先生最爱的冰五味子露。

五味子中药功效在于滋补强壮之力，药用价值极高，但是酸味重。而这里的五味子露调和了牛奶

Taste
首尔的味道有点甜

以及加放了年糕,所以带着一种"甜酸奶"的感觉。要知道,现在流行"微糖"感觉。每当你疲倦的时候,这种适度的甜味不仅带给你味蕾的享受,更让你的内心得到一种平衡。五味子果露上面还放了两片薄荷叶,使得红色的光波中摇曳着一点绿色,让人看着也心情大好。还有类似中国的"麻球",这也是裴勇俊先生自己喜欢的甜品。

我们所说的裴勇俊最爱的甜品可都是有证据的。瞧,一面突出来的墙体,上面贴着数张裴勇俊的照片,照片上裴勇俊自己都在喝五味子露、吃着糯米球呢。贴着照片的墙旁边是温暖的黄色天鹅绒沙发座——你想得没错,这里就是"裴氏"专座。要知道,许多日本的客人会为了这个座位等上半天呢,所以早点来是非常必要的。还是上午,阳光肆意地闯进这里的每个角落。这样的甜美时光,是值得你穿街走巷地寻找的。

Tips

地址:中区小公洞 1 号明洞乐天百货商店总店 14 层
电话:82-2-772-3996
推荐菜单:烤五谷年糕 5000 韩元,炖南瓜药膳 7000 韩元,冰五味子露 8000 韩元。
营业时间:10:00 ~ 21:00

Seoul
跟着韩剧游首尔

Cafe Drama
自导自演山寨韩剧

韩剧关键词》 由韩国电视台 MBC 经营的咖啡馆，里面设有不同类型的韩剧背景。

首尔流行》 咖啡 + 写真（Dress Cafe）

那天下大雨，我们穿街走巷地来到位于梨花大学附近的 Cafe Drama，本来只想喝喝咖啡暖暖身，但是身处地下室的咖啡馆确实"热烈"地迎接了我们。

入口处有红地毯，走在上面感觉自己就是大明星。接着映入眼帘的是现代公主的房间，粉红的床、梳妆台、餐饮区等等一切都是粉红的，在水晶灯的映照下格外浪漫。开始慢慢明白韩国女生流行的"公主病"了……

Taste
首尔的味道有点甜

往里走，越来越像是个摄影棚，并设有不同主题的微缩景观。

的确如此，这家由韩国电视台 MBC 经营的咖啡馆，里面设有不同的"影视"场景，包括《宫》和《朱蒙》里的布景而在里面的道具间，剧情里的服饰一应俱全。与其他 Dress Cafe 不同的是，这里绝大多数的服装都是剧中演员实际穿过的。在专业服装师的打造下，十分钟内你就可以变身经典韩剧里的主角。

Seoul
跟着韩剧游首尔

Taste
首尔的味道有点甜

　　有趣的是，老板兼摄影师除了为你拍摄之外，还可以立即将照片刻盘成 VCD。从古装到现代，让你全情体验各种韩剧造型，同时还收获自己演出的"母带"。

　　必须说明的是，这里的咖啡绝不逊色，卡布基诺甜而不腻，在你盛装"出演"的间隙，好好地犒赏为摆造型不停折腾着的你。

Tips
- **地址**：西大门区大砚洞 27-20 号地下（梨花女子大学附近）
- **交通**：地铁 2 号线新村站出，步行 10 分钟就至
- **营业时间**：11:30 ~ 22:30
- **网址**：www.cafedrama.com

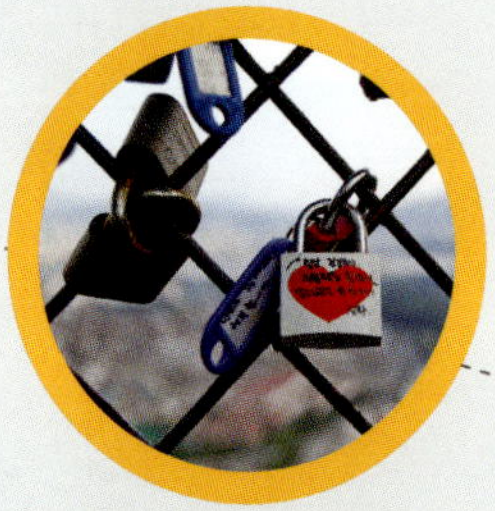

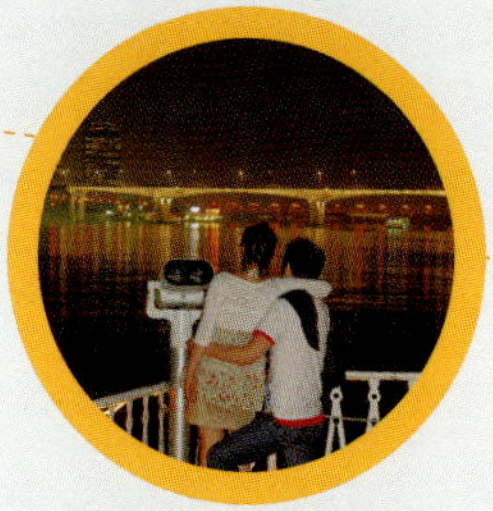

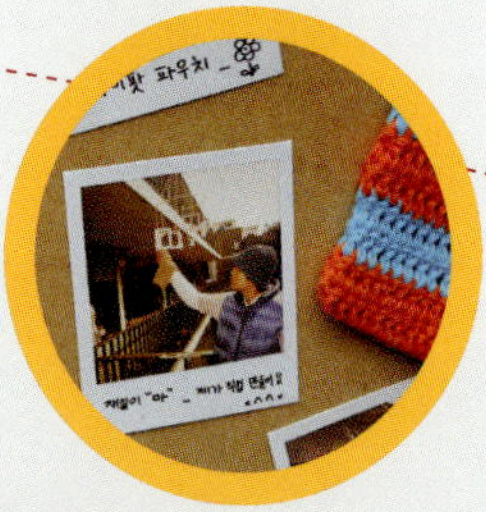

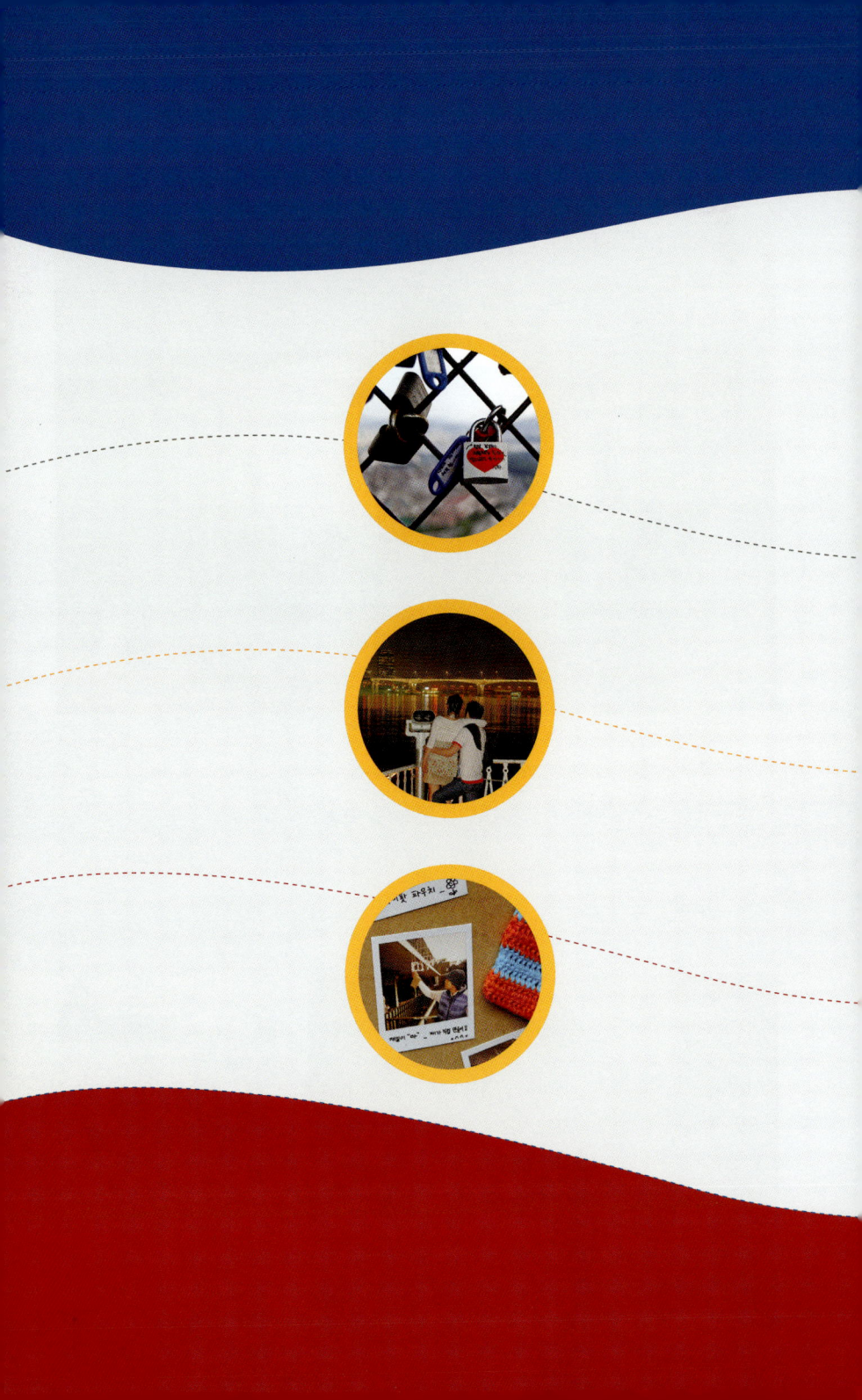

现实版王子公主约会地

现实版的王子公主约会地，有山有水有创意。

首尔是山城，处处有抒情小路，满眼是美丽风景。

首尔有汉江，将现代江南与传统江北划成两个截然不同的魅力世界。

而清溪川，一条贯穿闹市区的小溪，让整个首尔变得这么与众不同……走在水边的人也突然感觉不一样了，整个城市的气流也变化了，空气里四处洋溢着清新而幸福的味道。

在首尔旅行时，最容易听到的某某洞，比如仁寺洞、三清洞，就是某某街的意思。而这个词也是大有涵义，除了谐音之外，你大可理解成别有洞天。的确，当你拐弯抹角地进入一个个抒情小巷里，那些当下最流行的时尚地标就藏在里面。

发现首尔真的有如此多的俊男美女，走过路过瞥一眼也心神荡漾。

没有王子公主的年代每个人都可以做自己的王子和公主。

那些充满了王子公主情结的首尔年轻人，虽然有些"自恋"，但总在设计细节或玩味创意之处，制造惊喜给你。

Seoul 跟着韩剧游首尔

每个人心中都有一座南山

韩剧关键词》《花样男子》具俊表和金丝草的约会地
　　　　　　《魔女幼熙》戌龙的工作地
首尔流行》乘坐南山缆车观景、喝一杯南山咖啡、结下南山情人锁

　　我相信在每个首尔人的心里都有一座南山，比对着每个人的内心记忆。就像韩剧，若干个角色来到这里，会有若干个情节，看得若干韩剧迷们对那里牵肠挂肚。

　　有没有韩剧做背景也许不重要，对我们游客而言，南山是首尔的一个标志性风景，是每个游客一定要来的地方。这是首尔在地理上的最高点。

　　南山上还在首尔抬眼就能看到的标志景点——N首尔塔。

　　有句话说：恋爱中的人，不觉得首尔塔远。

　　然而它已不是一个多少英尺能描述的地方，那里有的是情节，还有情结。

Scenery
现实版王子公主约会地

情节一 首尔的埃菲尔铁塔

N 首尔塔之于首尔的重要,就像是埃菲尔铁塔之于巴黎的重要。上南山的路有很多条,条条通往 N 首尔塔。真的要步行至南山,还是会消耗你不少体力,但是,正如有句话那么说:恋爱中的人,不觉得首尔塔远。

走在南山的散步道上,你来我往的行人彼此相看,似乎都把对方当做浪漫的背景。

我们在一处专门设立的观景点停了下来。这里有指示牌写着:倚在此处的栅栏上,是最好的以首

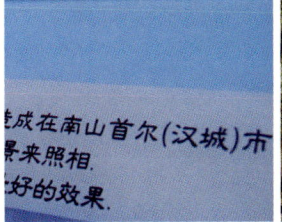

045

Seoul
跟着韩剧游首尔

尔全景作背景的拍摄地。所以，有情侣停了下来，有专业摄影师停了下来，有健行者停了下来，有戴着头盔的骑山地车的帅小伙停了下来……

这里能看到很远，江南和江北，山上和山下，高楼大厦和低矮平房……从这里看过去，首尔是如此整齐划一的城市，像积木一样的房子均匀地分布在城市的每个角落，而四周都绿意盎然。有人直接坐在栅栏上观望，其背影就像韩剧里的某个角色。往上看，N首尔塔已经在不远处。再走数步，已到塔下。N首尔塔是为电视和收音机播放而建成的综合电波塔，塔高236.7米。在塔上3层的展望台上，你能沿着"北京"、"巴黎"等城市标记看到遥远的家乡。N首尔塔的N既是南山（Namsan）的第一个字母，又有全新（New）的含义。

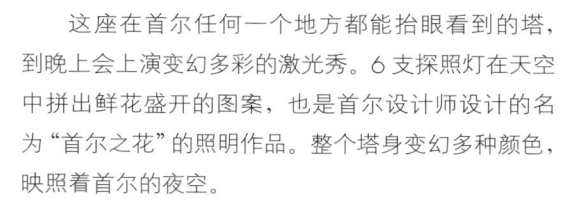

这座在首尔任何一个地方都能抬眼看到的塔，到晚上会上演变幻多彩的激光秀。6支探照灯在天空中拼出鲜花盛开的图案，也是首尔设计师设计的名为"首尔之花"的照明作品。整个塔身变幻多种颜色，映照着首尔的夜空。

韩剧式写意，在鲜花盛开的夜空下，抒情上演。

而无论白天和黑夜，情侣们的脸上，映照出首尔的埃菲尔铁塔的浪漫。

Scenery
现实版王子公主约会地

情节二 "花样男女"最爱之南山缆车

如今，南山缆车已经不是一项普通的旅游项目。在《花样男子》热播后，乘坐南山缆车成为年轻人热衷的谈恋爱的方式。让我们回味下剧中的那些情节吧：两人相恋当初，具俊表与金丝草相约去看夜景，结果被锁在缆车里，小小的空间留下了一晚永不磨灭的记忆。两人经过许多爱情波折之后，当金丝草再次独自乘坐缆车时，看到刻在缆车上的当初的标记，无法掩饰内心的悸动……

当然，现在的缆车不能让你像剧中主人公那样"铭刻"你们的爱情，但是"花样"情结已经在许多人心中弥漫开去。其实早在《我的名字叫金三顺》热播时，三顺与振轩一起乘坐缆车下来的场面，已经把这种情结散播开去。

047

Seoul
跟着韩剧游首尔

　　周末的时候，会有更多的"花样男女"在南山下等着乘坐缆车。也许乘坐了无数次，但那又何妨呢？年轻恋人们，要的就是这种"情结"。

　　同样情结泛滥的还有山上登缆车处的自动贩卖咖啡机。冷风中的一份速溶咖啡，在金丝草同学的宣传下，可以匹敌正宗咖啡屋里5万韩元一杯的咖啡！

　　在拥有美好气氛的夜晚，南山缆车的生意似乎更火。排队上山的人群中，一对对情侣的笑颜比夕阳还灿烂。南山的缆车是从1962年5月12号开始设立，自开通以来从来没有停过，几十年如一日地运载着首尔恋人们。

　　每天都上演的"花样"情节中，有你吗？

Scenery
现实版王子公主约会地

情节三 阅尽首尔艺术之千姿百态

在山顶广场，你会被许多奇怪的带有"Feel"的现代艺术所吸引。

最另类的艺术就是高高在天空中飞翔的假人，其实是一个晚上会发亮的灯光装置。悬挂在首尔的最高空，展现出一个"飞翔"的姿态。当然，还是有许多人会对这个装置浮想联翩。因为，从不同的角度看这个假人会有不同的姿态，而每个人对假人都会有不同的感觉和解读。

最让我惊讶的艺术则是大树在"输液"。是真的有输液管插入树干里，告诉人们这个古树需要大家的爱护，因为它已经在"诊治"当中。首尔艺术家们的环保意识可谓深植于创作当中。

049

Seoul 跟着韩剧游首尔

　　最可爱的艺术是超大的泰迪熊伫立在广场上，潜台词就是：喜欢我就来抱我吧。没错，这里有超级可爱的泰迪熊博物馆。要知道，泰迪熊是首尔年轻人最喜爱的"宠物"哦。

　　当然，最直接的艺术体现在有许多画家，在广场上摆出一幅幅画着明星肖像的样品，帅哥美女的画像总是吸引着路人心里不停在嘀咕：我的画像也能么好看吗？OK，忍不住你也来做做模特吧。

　　最浪漫的公共艺术则是"情人锁"栅栏，其壮观程度丝毫不亚于那种写满字的爱情墙。这么多千奇百怪、五颜六色的情人锁，每对锁上几乎都写了字，牢牢地锁在悬崖栅栏上，任风吹雨打。

　　你可以从情人锁的造型和图案上阅读韩式的浪漫设计，绝对的不拘一格，充满个性。

　　谁说爱情不是一门艺术？

情节四 品南山料理，看圆满结局

　　韩剧《大长今》里的一幅幅古典风情画令许多人对其外景地心向往之。而时尚版《大长今》——韩剧《魔女幼熙》则掀起了一股活跃在年轻人当中的"料理"风潮。剧里的大部分外景地就在南山上。

Scenery
现实版王子公主约会地

在这部韩剧的许多镜头里,你都能透过餐厅大大的玻璃窗看到无限风景。是的,首尔塔上的餐厅几乎都以最大限度观景来设计,无论是在室内还是露台。

导演很用心地把男女主人公坐在窗边随意聊天的镜头拍得很多,窗外风景一览无遗,也许就是要让你心生羡慕,连工作环境都这么奢侈。

这里有韩式餐厅、快餐、西餐厅,你想要的视觉和味觉,应有尽有。

我们也小小地奢侈一下吧。难得来到南山,在最高的旋转餐厅 n.Grill 上用餐,沿着每 48 分钟旋转一周的频率,将首尔 360 度尽收眼底。或者,只是为了欣赏首尔夜色,你也值得为人均五六万韩元的这一顿买单。

这里是适合让你的她说出我愿意的地方。为她点一份纽约牛排,坐在面向窗边的半圆形长沙发上,故事怎么生长,就看你了。

最后,附上韩剧参考情节:

《九局下二出局》里男主角陪女主角在南山塔度过她 29 岁的最后一天。

《玻璃花》里男女主角在冬天第一场雪到来时相约南山。

《我的名字叫金三顺》圆满大结局发生在南山上……

Tips

交通:南山循环巴士在东大入口、忠武路地铁站、国立剧场前均可乘坐。明洞、南大门、会贤洞、退溪路三街、奖忠公园、梨泰院等地都有步行道,可以散步走到山顶

N 首尔塔观景台门票:
儿童(4~12岁)3000 韩元;青少年(13~18岁)老人(65岁以上)5000 韩元;成人(19~64岁)7000 韩元。

南山缆车费用:成人 往返 7500 韩元

营业时间:南山缆车运营时间 10:00~23:00

每天傍晚 7 点到夜间 12 点,N 首尔塔会有精彩的夜间照明表演。在 Plaza1 层的玻璃露台和 2 层的环形露台以及大厅,都可以免费欣赏首尔景色。

购买含观景台门票加餐厅餐费的套票更划算。
观景台 +HAN COOK 的正餐套票为 37000 韩元,观景台 +HAN COOK 的午间套餐价格为 26000 韩元。而到 N. Grill 用餐的游客,无需观景台入场费。

Seoul
跟着韩剧游首尔

首尔奥林匹克公园
人人都走过恋人山坡

韩剧关键词》《我的女孩》中徐正宇独自到公园抚平心情的地方。
《人鱼小姐》、《你来自哪颗星》、《玉琳成长日记2》等都曾在公园拍摄

首尔流行》 玩轮滑、漫步草坪山丘

　　奥林匹克公园缔造了1988年的"汉城奇迹"。门口的奥运火炬从1988年燃烧至今，但现在已经完全演变成了属于公众的大乐园。

　　虽然完全免费，但公园里的绿化与设施维护得一丝不苟。人们在公园里开派对、运动、约会……舒服得像自家乐园。

　　你可能不知道的是，奥林匹克公园里有一个草坪公园。一片起伏优美的山坡，一棵独自生长的树，是摄影师与首尔恋人们的最爱。

Scenery
现实版王子公主约会地

《我的女孩》中男主角的"梦之地"。43万坪奥林匹克公园,当之无愧是全民运动的场地,从步入大门开始,大量玩轮滑的少年一定让你目不暇接。首尔人爱轮滑,也到了一种痴迷的地步。骑自行车和慢跑是公园里最受欢迎的运动。以梦村土城为中心,湖畔之路、土城之路、回忆之路、恋人之路和青春之路连成的慢跑跑道是最受欢迎的大众健身地。此外,公园把游泳场、体操场、网球场改造成可以进行多种比赛的体育中心,也向大众开放。

公园的各个运动场地时常会举办演唱会。比如,Rain、东方神起等曾在体操竞技场上举办演唱会;Super Junior、Wonder Girls等曾在击剑运动场上举办演唱会。园内的奥林匹克大厅还是韩国大钟电影奖、百想艺术大奖、韩国电视剧大奖等颁奖礼的举办地。

053

Seoul 跟着韩剧游首尔

明星们有明星的秀场,那公园里的野外舞台就是属于大众们的秀场。我在湖边喷泉处的野外舞台见过一场大学校园里的年轻人举办的交谊舞会。在这里见不到东方式的害羞,那么多人"High"在一起,让观看者也自发地融入进去跳舞。这样的小型野外舞台中间是一个圆形舞台,周围有五六层石砌看台,很随意也很轻松,这也是在《我的女孩》中由李俊基饰演的徐正宇称之为"梦之地"的地方。即在他不开心的时候,在看台上小坐,面向空旷舞台深呼吸,可以好好地抒发情绪。

艺术的奥林匹克公园

这里不仅是运动的奥林匹克公园,也是艺术的奥林匹克公园。

"世界和平之门"是公园的正门。这个门被设计师精心设计了"飞翔之翼"。西洋画家白金男以韩国传统丹青为主调,在双翼下端画了四神图(青龙、白虎、玄武和朱雀),这个充满了韩国特色的图腾描绘就是一幅大型艺术作品。此外,门的两边各有30件由雕刻艺术家李承泽雕塑的作品"列柱假面具"。整个大门的造型在采用门的概念的同时,更突出了飞跃与向上的形态特征。也难怪,在1988年汉城奥林匹克运动会成功举办以后,首尔的发展速度果然像插上了"飞翔的翅膀"。

此外,奥林匹克公园内还有位列世界五大雕塑公园之一的奥运露天雕塑公园。园内草坪区陈列着世界各地的艺术家为了纪念汉城奥运会而赠送的两百余件雕塑作品,材质有用石块、金属、木材等,代表着当今世界雕塑的最新趋势和最高水平。

Scenery
现实版王子公主约会地

将运动与艺术结合，首尔奥林匹克公园可谓树立了后奥运时代的新典范。

"全民皆韩剧"的优诗美地

走在奥林匹克公园里的草坪公园，你会惊叹草坪原来也可以这么迷人。这里的草坪优美而优雅地起伏着，在阳光下呈现出如同油画般的色泽和质地。草坪山丘上，每棵树种植在什么位置、相距多远似乎都进行了艺术的测量。

这个草坪公园在《人鱼小姐》、《恋人》里都有出现。这里是摄影师们最爱的地方，许多时尚杂志和韩剧剧组都会来此取景。我们来此地时，见到有许多摄影师在这里架着机器等候着日落。甚至还有来自海外的摄制组，可见其名声远扬。日落时分，远远望去，走在山丘上的人成了美妙的剪影；而镜头拉近，热恋的情侣牵着手走进你的镜头，就像是韩剧里时常出现的情景。

而最特别的是山坡上一棵独自向天空伸展的树。这棵树与其他树远离，孤独而秀美。

看到这颗树，我想起了韩剧《蓝色生死恋》里著名的台词："如果我有来世，我就想做一棵树。永远生长在一个地方，永远也不会挪走。"身旁的首尔摄影师告诉我，你一定要拍到这颗树，就是它的独自秀美成就了这片"全民皆韩剧"的优诗美地。

Tips

🏠 **地址**：松坡区芳荑洞88号
🚇 **交通**：地铁2号线蚕室站下车后换乘支线巴士3312、3316、3411、3412、3413路；
地铁5号线奥林匹克公园站下车后换乘支线巴士3412、3413、4213路，机场巴士606路；
地铁8号线梦村土城站下车后换乘支线巴士3412、3413路，干线巴士340路
咨询：韩国体育产业开发（株）82-2-410-1111
公园宣传咨询：82-2-4101-360
门票：免费
@ **网站**：http://www.sosfo.or.kr/chinese/park

Seoul 跟着韩剧游首尔

像"布拉格恋人"那样漫步清溪川

韩剧关键词》《布拉格恋人》中男女主角常常约会的地方
首尔流行》 在清溪川约会、玩自拍

　　如果要用一个词来形容清溪川，我会用"惊艳"。那种惊艳是从外到里体会到的一种无限美好的感觉。清溪川流经闹市区，以东西向贯通首尔市。从没想到过在一个繁荣大都市的市中心，能看到如此清秀的小桥流水。

　　《布拉格恋人》中女主角才嬉招待外宾参观清溪川广场，无论剧中还是剧外，这里确实是首尔人的骄傲。　韩国在外观改造方面非常在行，清溪川也几乎给首尔做了次"整容"。

Scenery
现实版王子公主约会地

溪水边的超级派对

　　一条被许多人嫌弃的市中心下水道流经地，过去通过公路把它盖上，现在又把公路掀开重新挖掘，开发成了一条蜿蜒流淌的城中清泉。

　　也有人把清溪川比喻成"大鱼缸"，因为这条纯粹的人工河必须靠人工注水。据说每年的注水费都高达数百万美元。但毫无疑问，一切都非常值得。

　　清溪川于2006年正式开通，在短短的几年时间，它已经汇集了首尔城最大的人气。无论是周末、大小节日，或者下班后，溪水边自然聚集的人群都像在开露天Party。

　　清溪川的桥也是一道风景。河上新建了蝴蝶、蚱蜢等昆虫形状和富有地方特色的22座桥梁。在水上看桥上的人，在桥上看戏水，都是享受。

057

Seoul
跟着韩剧游首尔

　　起点处清溪川广场周围有著名地标东亚日报大厦和金融大厦。由于地势较低，建筑物都显得格外伟岸。午后阳光下，许多写字楼里的人都纷纷来水边小憩。

　　清溪川的水并不深，但带给大家的快乐却是无法估量。坐在清溪川的水边，看到许多小孩在很浅的小溪中嬉戏，拖下鞋子，挽起裤脚，水略略淹过脚踝，那种久违的简单快乐会让你心动。清溪川文化馆附近的杨柳湿地最大程度上复原了过去清溪川的生态环境，这里也是一个重要的鱼类保护区域，如果运气好的话，还可以观赏到各种各样的韩国本土鱼种。

　　首尔市政府还有个更好的设想，在整个清溪川安装 Wibro 应答器，只要你有无线携带用终端器，就可以坐在水边上网。可以想象，买一杯咖啡坐在水边，用笔记本电脑或工作或休闲消磨一个下午，是多么美好的时光！

Scenery
现实版王子公主约会地

清溪川，情人川

　　清溪川是名副其实的情人川。在过去每逢正月十五的时候，男男女女们都要纷纷聚到清溪川九大名景之一的广通桥上来玩踩桥游戏或放风筝。现在长时间流连于清溪川的也大多是情侣。

　　水面就像镜子，能照出自己和恋人的模样。清溪川边有许多人长时间静静凝视着溪水里自己和恋人的影子。夜晚时分更美妙。清溪川的水边亮起了五彩灯，映得水边的人儿如梦似幻。水边有许多人忙不迭地用手机或相机对准自己和恋人自拍，整个水道边几乎到处可看到凑个脸自拍的情侣。我恍然大悟原来发现了一个首尔的最新流行：自拍。

　　时间会像溪水样溜走，但带不走我们的美好记忆。不管是影像，还是映像，清溪川都让人觉得，生活是如此美好。

Scenery
现实版王子公主约会地

Tips

清溪川徒步观光游

路线 1: 清溪川广场－五间水桥 2.9 公里，需 3 小时
清溪广场－八道石－广通桥（复原旧桥）－长通桥（正祖班次图）－临时步行桥（水标桥旧址）－晨桥（玉流川）－五间水桥（时装广场、文化墙、浚川歌、色童墙）

路线 2: 清溪川文化馆－五间水桥 2.9 公里，需 3 小时
清溪川文化馆－无学桥－黄鹤桥（希望墙）－永渡桥－清溪桥－五间水桥（时装广场）

☎ 电话：首尔市观光科 +82-2-3707-9453～4

清溪川文化馆

🏠 地址：城东区清溪川路 530 号
🚇 交通：地铁 2 号线龙头站 5 号出口出，再步行 10 分钟即至
☎ 电话：+82-2-2286-3410
@ 网站：www.cgcm.go.kr
休馆：星期一休馆

清溪川八大景

第一景：清溪广场
东亚日报大厦和金融大厦之间的广场被称为"清溪广场"。时常举办演出和活动。

第二景：广通桥
是朝鲜王朝时期大臣们的重要交通地带，它记录了清溪川变化的历史。

第三景：正祖大王陵行班次图
堪称世界之最的陶瓷壁画。壁画人物多达一千七百余人。

第四景：时尚广场
有舞蹈式喷水景观，周围有时装商场。

第五景：洗衣场
移植了 16 棵杨柳树在此，重现过去妇女在此洗衣的风情画。

第六景：希望墙
二万多名市民在陶瓷砖上写下自己的希望。

第七景：律动壁泉与隧道喷泉
清澈的流水犹如富有旋律的瀑布涌出墙壁，并随壁而下。因此人们给这里取名"律动壁泉"。

第八景：杨柳湿地
位于清溪川文化馆附近，复原了过去清溪川的生态环境，也是重要的鱼类保护区域。

Seoul
跟着韩剧游首尔

63大厦，像"My Girl"一样在这里许下愿望

韩剧关键词》《我的女孩》中女主角最向往的地方，剧中多次在此取景。

首尔流行》约会在"空中艺术馆"、看8层楼高的IMAX电影

Scenery
现实版王子公主约会地

《我的女孩》结局里经典一幕：

男主角薛功灿准备从 63 大厦观光层坐电梯下去，想起女主角周裕玲所说的："谁要是能在电梯下去时的这一分多钟内，屏住不呼吸，并且许下一个愿望，那这个愿望就一定会实现。"

薛功灿此时脑海里想的就是快点见到周裕玲。他走进了电梯，闭气开始许愿，就在电梯门马上要关闭的瞬间，门又开了，站在他眼前的正是他的女孩。

地标式的建筑，双重反射的玻璃，264 米的高度。63 大厦，在"金色塔"的名号之外，又多了个名号——"许愿之塔"。

Seoul
跟着韩剧游首尔

使用双层反射玻璃的"金色塔"

《我的女孩》里的女主角有着严重的"63大厦情结"。

女主角对男主角说过一句话:"心情不好的时候不要往远处跑,要往高处跑。"她从济州岛到首尔,最期待的地方就是63大厦,后来这里就成为两人时常相聚的地方。最后一集里,透明的63大厦观光电梯高速向下,外面是璀璨的汉江夜景,电梯里终成眷属的男女主角的热吻场面很是感人。

其实,63大厦为地上60层加地下3层。1985年刚刚修建时是韩国第一高度,也曾是亚洲最高的楼宇,现在位列韩国第三。与其他世界高楼最大的不同是,这是一个花200元人民币买张套票,就可以玩一天的地方。

Scenery
现实版王子公主约会地

Seoul

跟着韩剧游首尔

如同底楼的可爱涂鸦写的那样："63 City is everything."

有阳光的日子，63大厦璀璨绚丽有如黄金宝塔。

除了顶层的瞭望台可以俯瞰首尔全景，59层有"走进云端"红酒餐厅；57层有中华料理"百里香"餐厅，都是能看见风景的餐厅。能看到偌大个城市在你的眼皮底下温柔地呼吸，什么烦恼也会忘记。

除了高度，63大厦还有两个值得炫耀的设施。海洋世界一般都设在公园里，设在一幢大楼里的非常罕见。而四百余种二万余头海洋生物就生活在63大厦地下一层的水族馆里。包括露脊鼠海豚、电鳗、食人鱼、海鳗等等。海洋世界里设有热带、极地等生活地区的环境展示，还有企鹅的迷你游泳池。不认生的黑脚企鹅，可以游到你面前来与你互动，非常可爱。而到了晚上，照明灯打开，海底世界"愈夜愈美丽"。

同样炫目的还有IMAX电影院，不仅比一般电影院的屏幕大10倍，其高度更是到达了人能观看的极限，有8层楼那么高！不仅有超炫的电影，还有魔术表演。

Scenery
现实版王子公主约会地

海拔 264 米之上，不仅是观光厅，还是空中艺术馆

在 63 大厦，最让我感动的不是《我的女孩》中能饱览汉江景色的韩国最高速观光电梯，而是电梯所抵达的观光厅。首先，观光厅营业时间到晚上 12 时，这给多少人带来足够的时间和空间！繁忙的上班族们，可以下班后来这里放松心情。可以消磨一晚上的浪漫观光厅，世界上也不多见。

而海拔 264 米之上，不仅是观光厅，还是空中艺术馆。这也是首尔的一大创举。以前每每在各种高度的观光厅游览时，心里总想，风景无限好，但看多了也无聊。因为景致，无非是积木一样的房子，若隐若现的山水。

63 大厦观光厅在 2008 年 7 月正式更名为 "63 SKY ART"。这是世界上首个空中艺术馆，也是世界上海拔最高的艺术馆。 这里展示内容每三至四个月更换一次，以动画、媒体艺术等年轻艺术家的作品为主。

韩国当代最流行的艺术形式之一——玻璃贴花也在这里展现，花瓣、雪花、热气球在大厦玻璃上虚构了一场"风花雪月"。而真实的汉江在窗外温柔地起伏着。汉江游船、车辆、大桥上的灯火彼此交映，幻化成恋人眼中最美的风景。

这里的景色真的很美丽。晴天时，不仅能看到首尔市区和南山，还可以一直看到仁川的大海，连一百多公里地点的景物也历历在目。

像 "My Girl" 一样在这里许下愿望吧……

Tips

- **地址**：永登浦区汝矣岛洞 60 号
- **电话**：+82-2-789-5114
- **网站**：http://www.63city.co.kr
- **交通**：搭乘 5 号线在汝矣岛站下车，再乘坐出租车约 10 分钟即至；
搭乘 5 号线在汝矣渡口站 4 号出口出来，徒步约 15 分钟即至（乘坐出租车 5 分钟）

票价

瞭望台 "63 SKY ART"：
成人（19 岁以上）10000 韩元、青少年（13～18 岁）9000 韩元、儿童（4～12 岁）8000 韩元
综合参观券（瞭望台 + 水族馆 + 电影院）：
成人（19 岁以上）26000 韩元、青少年（13～18 岁）23000 韩元、儿童（4～12 岁）20000 韩元

营业时间：63 瞭望台：10:00～24:00（23:00 前入场）
63 海洋世界：10:00～22:00（21:30 前入场）
63IMAX 电影院：10:10～21:00

Seoul
跟着韩剧游首尔

"花样"汉江甜蜜写意

韩剧关键词》《花样男子》中尹智侯与金丝草约会的地方。
　　　　　被美国 CNN 选为最佳亚洲电影的《汉江怪物》和《D-WAR》等电影的主要外景地
　　　　　韩剧《恋爱时代》呈现了汉江游艇上的盛大婚礼
首尔流行》与他（她）一起观赏"月光彩虹"喷泉、乘坐汉江游艇

"汉江奇迹"本是用来形容韩国飞速发展的一个专属名词。但真实的汉江也真的有奇迹。最新入选吉尼斯世界纪录的盘浦大桥就是一个魔幻的"汉江奇迹"。

《花样男子》里尹智侯最后的表白被盘浦大桥的喷泉声打断了。从桥上如瀑布般泄下又如伞花般散开的喷泉让很多观众误以为那是剧组制造的特效。

其实，那是一个浪漫得无以复加的"汉江奇迹"。

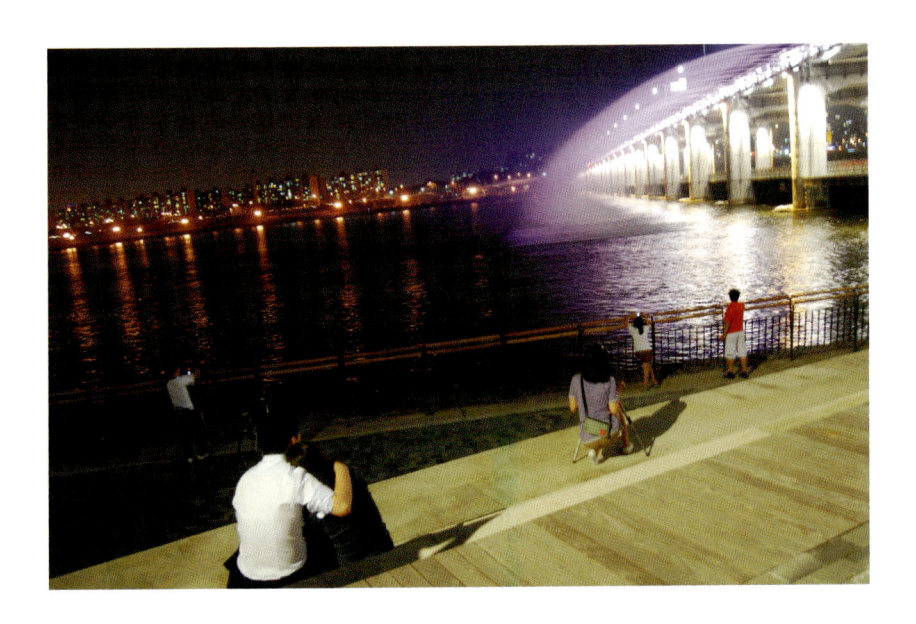

Scenery
现实版王子公主约会地

盘浦大桥喷泉——浪漫"汉江奇迹"

《花样男子》里尹智侯最后一次对金丝草的表白是这样的："我过去总不知道自己想要守护什么。你出现以后，我发现了。是爷爷、诊所……还有，你。"那个最后的"你"字在突然喷涌而出的喷泉声中淹没了。之后两人趴在栏杆上欣赏盛大的喷泉，而尹智侯到了最后都还不能完全表白的情谊，就这样尽在无言中了。

《花样男子》里让人柔肠寸断的大桥喷泉有个好听的名字——"月光彩虹"，这是新晋被列入吉尼斯世界记录的目前世界上最长的桥梁喷泉。

盘浦大桥桥梁两侧安装有 380 个喷嘴，

069

Seoul 跟着韩剧游首尔

从汉江引水，喷泉从 20 米高的桥梁上向江面喷洒开去。每分钟 190 吨的水量，长达 570 米的长度，浩淼激荡而又轻舞飞扬。

而晚上才是真正进入主题的时候。在 200 个照明灯的齐射下，盘浦大桥完全变身灯光秀舞台，音乐随之响起，甚至还有邓丽君的《甜蜜蜜》！

"月光彩虹"喷泉成就了真实而浪漫的"汉江奇迹"。设计者的旨意是在柔美的月光下传达乐观、积极、充满希望的意念。江边的盘浦公园从此成了新版年轻人的约会地。公园沿着江边修建了长长的沿江阶梯，在无数情侣甜蜜相拥的背景下，连阶梯都让人感觉甜蜜。

首尔真的非常擅长打造属于平民们的露天舞台。配合"月光彩虹"喷泉的主题，盘浦公园内还有按月亮形状建造的 4 万平方米的月光广场和世界广场。同时市政府把有碍汉江绿化景观的人工混凝土地转换成花草类等野生植物自然生长的生态园。你可以在此骑自行车、玩轮滑、约会、举办私人派对，在周末的时候，还有许多年轻人在此露营或野炊。

"汉江奇迹"的甜蜜写意，真实地写在每一个人的脸上。

Scenery
现实版王子公主约会地

汉江游艇上的花样桥段

在韩剧里可以看到多个角度的汉江。

当剧中人失落的时候,一般就会有在汉江边散心的场景。男女主角约会时,江边的璀璨灯火就成了甜蜜爱情的最好背景。而剧中人开着车驶过汉江上的大桥,飞速驶过的汽车与逐渐退后的宽阔江面很适合渲染主人公的心潮澎湃。

……

没错,有了汉江,首尔波澜壮阔又温婉动人。

要真实地感受汉江,没有比乘坐游艇更好的方式了。

根据日本著名作家野泽尚的同名小说改编的韩剧《恋爱时代》里的汉江游艇婚礼让人印象深刻。对于正处于"恋爱时代"的人们来说,汉江游艇的确是非常应景的节目。

汉江江畔主要有汝矣岛、蚕室、杨花等六个乘船码头。游艇的种类繁多,有浪漫现场音乐游艇、自助餐游艇、以电影及电视剧为背景的朱蒙游艇等。从汝矣岛上船,搭乘"C& HanGangLand",你可欣赏到汉江最美的日落,沿途可看到金色的63大厦等风景。

从汝矣岛到杨花大桥,最后返回汝矣岛大约需要一个小时。在这一个小时里,"花样"汉江,总会制造些桥段给情侣们。

放置在船头甲板上的霓虹心形灯饰,是专属恋人们的道具。韩国恋人们最喜欢拍照时将双手比划成心形Pose,而钻进这么大的心形灯饰里再摆出这样的Pose,无论拍摄的人还是被拍的人,都会有被丘比特之箭射中的感受吧……

Tips

盘浦汉江公园
地址:瑞草区盘浦第二洞瑞草区盘浦2洞115-5号
交通:地铁3号线高速客运总站8号出口;或乘公交车401路、406路、143路到盘浦汉江公园入口站
电话:+82-2-120
网站:
http://hangangfest.seoul.go.kr

汝矣岛码头
电话:82-2-3271-6900
交通:地铁5号线汝矣渡口站2号或3号出口,徒步5分钟即可

C& HanGangLand 游艇
网站:
www.cn-hangangland.co.kr

Seoul
跟着韩剧游首尔

首尔广场
邂逅的无限可能

韩剧关键词》 韩剧《市政厅》的主要外景地

《我的女孩》中男主角薛功灿经营的酒店 Plaza Hotel

"Hi Seoul Festival"庆典的主要场地

首尔流行》 "Hi Seoul"全民狂欢、因公演之名，享私家之娱

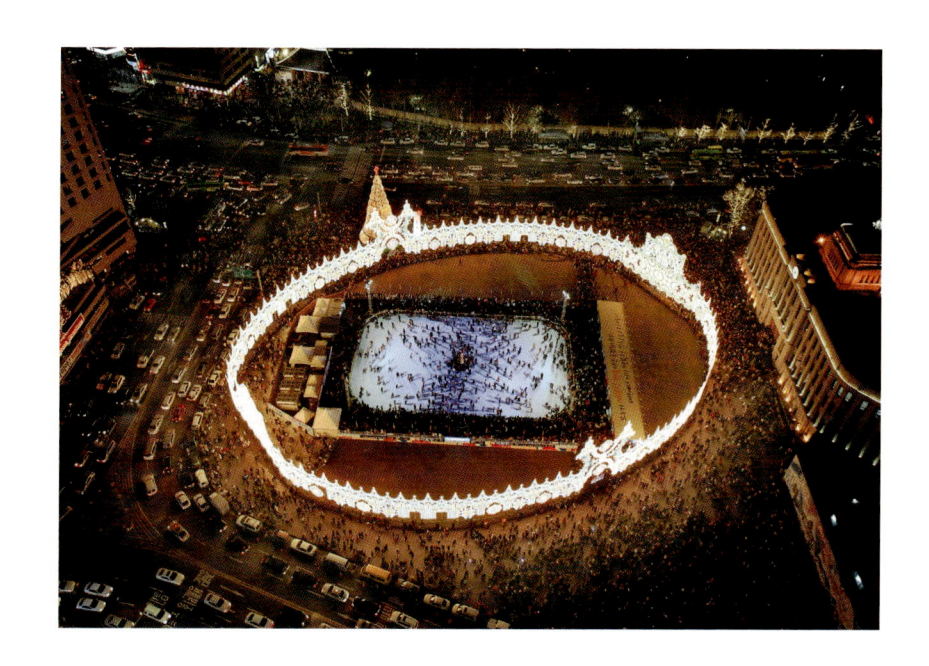

Scenery
现实版王子公主约会地

2002年世界杯余音在耳,韩国红魔让人印象深刻。

在当时,这片充满激情的广场也许让你永远都想不到浪漫这两个字。

但仅仅过了几年,这里真的成了一片全民享受的乐土。

2004年5月,一个面积为3800坪、象征着十五圆月的椭圆形绿色草坪广场落成了。

韩剧里的主人公们都迅速热爱上了这片约会圣地。所以在这里你会看到许多人带好报纸和地铺,白天在这里晒太阳,晚上在这里看星星。

很特别的是,这是个几乎日日有音乐、灯光和公演的草坪。

伴着青草芬芳,许多人脱掉鞋

Seoul 跟着韩剧游首尔

子赤脚站在草坪上。在大大小小的假日或庆典之日，更有许多人因公演之名，来享私家之娱。

　　我有幸住在广场边的Plaza Hotel。酒店位置绝佳，直接下楼就可看演出。这是《我的女孩》中男主角薛功灿经营的酒店，也是《我的名字叫金三顺》剧中振轩母亲罗社长经营的酒店。三顺与旧情人见面引得振轩嫉妒，拉起三顺离开的场面就拍摄于酒店里的酒吧。而剧中振轩游泳的地方则位于酒店健身中心内。此外，剧中三顺制作的所有蛋糕均出自于Plaza Hotel面包房师傅之手。酒店现在也出售三顺系列商品。

Scenery
现实版王子公主约会地

因为一个名为"Hi Seoul"的五月庆典，我每天晚上7点半开始，在这里连续看了一周的演出。广场上的公演绝对不输于任何专业演出。舞台、灯光、布景都很炫。广场上空布满了五颜六色的气球，经追光灯一扫，天空仿佛不停地变幻颜色。要知道，这里夏天是露天公演场地，到了冬天就是露天溜冰场。真佩服首尔市政府的绝佳创意。

虽是公演，大小明星悉数出场，演出开始时许多人跟着上面的舞者晃动，人头攒动，整个草坪都像在跳舞。当然还有那些不理会演出，只管在草坪黯淡灯光下卿卿我我的人。

不管是一起享乐还是自娱自乐，我们就约在广场上见吧。

Tips

首尔广场
- 地址：中区太平路第一街31号
- 交通：地铁1号线首尔站5、6号出口出站即是
- 电话：+82-2-731-6825～6
- 网站：http://plaza.seoul.go.kr

"Hi Seoul Festival"庆典
- 地址：首尔广场常设舞台等地
- 票价：免费
- 电话：+82-2-120
- 网站：http://www.casp.or.kr

Plaza Hotel
- 地址：中区太平路第二街23号
- 交通：地铁1号线市厅站6号出口出来，步行约3分钟即是
- 电话：+82-2-771-2200
- 网站：http://www.seoulplaza.co.kr

首尔广场冬日溜冰场
- 活动期间：每年12月中旬～次年2月中旬
- 营业时间：10:00～22:00
- 入场票价：1000韩元/1小时（包含滑冰鞋租用费和头盔）

Seoul 跟着韩剧游首尔

首尔乐天世界
"浪漫满屋"的游乐场

韩剧关键词》《天国的阶梯》中权相宇饰演的男主角经营的游乐场,剧中大部分游艺设施拍摄于此地。乐天世界同时也是男女主角留下珍贵回忆的地方。经典的旋转木马及溜冰场的镜头均在此拍摄。
　　　　　《浪漫满屋》中男女主角晚上相约滑冰的溜冰场也在这里。
首尔流行》夜生活,去乐天世界吧!
　　　　　与恋人一起去中间有心形图案的溜冰场

Scenery
现实版王子公主约会地

你一定吃过"韩国拌饭"吧,即在米饭的基础上,加上各种调料搅拌起来吃,就是一道韩国著名小吃。乐天世界有别于其他世界著名游乐园的特色——它是一道游乐场里的韩国拌饭。室内和室外,各种各样的设施被灵活多样地安排在有限的空间里,用现在流行的词讲是混搭,即英文里的"Mix&Match"。

作为亚洲最大的室内游乐园,乐天世界探险乐园在任何天气情况下都能开放,巨蛋顶端以钢架支撑的透明玻璃在白天毫无保留地接收了户外阳光。而位于地下的溜冰场,敞亮得像雪白米饭一般,五颜六色的娱乐设施就像调料一样撒在"米饭"之上,实则一道好看又好吃的"韩国拌饭"。

除了室内和室外的游乐场,乐天世界还有面积达1万坪的百货商店、四百多家名牌入驻的购物城,高达40层超过500间客房的乐天酒店,从这个意义上,更是一道名副其实的"韩国拌饭"。

Seoul
跟着韩剧游首尔

不可错过的游乐套餐：
前菜：室外魔幻岛

在魔幻岛，你可以先悠闲地沿着石村湖边漫步，作为坐过山车之前的心理准备。"日内瓦游览船"给你带来浪漫无比的湖上之旅。在浅波荡漾的石村湖上，游览船优哉游哉地滑行着，你自然而然地进入了一个浪漫世界。

魔幻岛的十多个娱乐项目各有特色，这个室外的游乐世界共有"亚特兰蒂斯大冒险"等16个游乐项目，既有惊险刺激的，还有休闲观光的，也有专为儿童设计的，张弛有度，不至于让你过度紧张。

特别提示： "亚特兰蒂斯大冒险"不可不玩，它是云霄飞车与快速划艇的绝妙结合。飞车以每小时80公里的速度，沿着72度的坡度急速上升21米，瞬间穿越激流与城堡，非常特别与刺激。

078

Scenery
现实版王子公主约会地

主食：室内"探险世界"

室内游乐园是乐天世界最为精华的部分。这里是亚洲最大的室内游乐园。位于室内的"探险世界"共有4层。

首层有"辛巴达的冒险"、"西班牙海盗船"以及一些小型设施，大部分设施都比较适合儿童；二楼的主题是"法国大革命"，当然这里没有什么巴士底狱，也不会有什么战争与暗杀，其实这里只是个类似于过山车似的大回旋；三楼，高大的建筑物忽然间幻化成茂密的丛林，这里就是"森林世界"；室内馆的四楼还有适合全家一起参与的"法老的愤怒"等游乐项目，设施惟妙惟肖，其真实度令人咋舌，仿佛置身于埃及的博物馆中。

特别提示：这里的各种演出也是很有名的，下午两点和七点半有乐天狂欢节，由二百多名演员共同演出，韩剧《My Girl》中也有此表演秀的场景。晚上九点半进行宇宙探索激光表演。

079

Seoul
跟着韩剧游首尔

Scenery
现实版王子公主约会地

甜点：溜冰场

还记得《浪漫满屋》中男女主角相约晚上溜冰的那个溜冰场吗？就是这里。

溜冰场在乐天世界地下三层，一年四季都营业，也可以说是四季皆宜的溜冰场。在玩完许多游乐设施后，轻松一些，可以和家人、恋人一起在愉快的气氛中溜冰。溜冰场的中央有个粉红色的心形图案，我见过有人以婀娜的身形滑进那个"心"里，真是浪漫至极。溜冰场的栏杆外有可以观览冒险馆和溜冰场景色的咖啡厅。

特别提示：这里从上午十点半开始营业到晚上十点半。以溜冰场为中心，有"sizzler"、"marche"等家庭式餐厅、快餐店和可以品尝各种饮食的"食府"，还有保龄馆、射击馆、游戏馆等附属设施，可以同时享受运动和美食的乐趣。

081

Seoul
跟着韩剧游首尔

乐天的不夜天

　　在首尔，你也许会很困惑，夜生活去哪里？如果你拿这个问题去咨询一位当地居民，那你得到的答案多半会是"去乐天世界吧"。在所有到首尔的游客中，乐天世界是夜间接待游客人次最多的，毫无疑问，乐天世界已经成为了首尔夜生活的象征。

　　像个本地人一样游乐，就来这里吧。夜晚的首尔，像个褪去了白日浓妆的女子，年轻人和下了班的上班族都喜欢来到这里，尽情地欢乐和享受，要想见当今流行的"野蛮"和"清新"的韩式美女，也到这里来吧。实际上，乐天世界也是许多韩剧的取景地，在此，你可能一不小心，就和在此拍摄的韩星撞个满怀。

　　乐天世界夜晚华丽的采光设计，有别于白天的惊险刺激，更多了一份浪漫的感觉。一到夜里，乐天旋转木马别样迷离，五彩灯火格外辉煌，这里的青年男女仿佛都变成童话世界里的王子和公

Scenery
现实版王子公主约会地

主,等待午夜十二点的南瓜车。而晚上的溜冰场也打上了灯光,灯光像花瓣一样投射在溜冰场上,拉住他(她)的手,像韩剧里的主人公一样来次夜间滑冰,溜冰场俨然成了拍拖胜地。

而晚上九点半开始的宇宙探索激光表演,将整个探险世界变成激光和尖端特效打造的宇宙旅行,以古代神话为故事蓝本,动作场面十分具有节奏感,各种特效与8万光纤让游客仿佛置身于幻想的宇宙天地。

乐天的四季狂欢

乐天世界的混搭,还来源于它的四季狂欢。

"世界狂欢广场"汇集了韩国、中国、美国、埃及、西班牙、俄罗斯、巴西以及加勒比地区等民俗风情的著名庆典,是一个别具特色的混合型庆典,东西方世界的著名庆典都汇集在一起,让你一次看个够。

韩国人也过春节。在春节去乐天世界,可以欣赏到韩国传统音乐与华丽霓裳的汇演。在祝贺"太

Seoul
跟着韩剧游首尔

平圣代"的国王与王妃出巡队伍里,你可以欣赏到花冠舞与扇舞。在"出嫁日"里,你还可以观赏到闹婚舞、开路舞以及傀儡舞等韩国传统民族舞蹈。

春季后的夏天,庆典的主题是"桑巴"。虽然此时巴西正处于清凉世界,但乐天世界重现与我们的季节相符合的火热撩人的魅力桑巴。超豪华的表演队伍身着华丽服装跟着音乐翩翩起舞,是真正属于仲夏夜的狂欢盛典。此外还有贴身舞、萨尔萨舞以及巴西武术等表演。

到了秋天,一场正统的德国啤酒节也在乐天世界火热上演。穿着德国传统服装进行的"十月游行"、"嗯帕哈乐队"表演、生啤狂喝比赛、香肠狂吃比赛

Scenery
现实版王子公主约会地

等节目让游客可以亲身参与。

　　雪白的冬季自然是属于圣诞节的，此时，乐天世界的表演人员全部出动了。小白熊、莫里斯小熊、惠德勒纺织娘、沙龙小猫以及比比狗等卡通人物和摇滚乐队还会为游客们奏响新年音乐会。圣诞节表演是一年的压轴大戏，在这里，你将与乐天的演员们一起进入白雪皑皑的梦幻之旅。

乐天的民俗文化

　　乐天世界还有一个"小人国"。"小人国"实为民俗馆，但并非是死板的文物收集展示。此"小人国"从构想到真正完工整整历时3年半的时间，据说耗资300亿韩元。乐天民俗馆抛弃了陈列文物的传统观念，活用了缩小模型复制文物等先进手法，让你在游乐的时候轻松体验韩国的历史文化。民俗博物馆当然成为像我们这样的外国人最喜欢去的地方，你可以通过历史展览馆、模型村、游戏场等展区了解到韩国5000年的历史和民俗文化，这里使用先进的影像设备和微缩模型，真有点荷兰小人国的味道。

　　此外，在民俗博物馆的艺人街，你既可在民俗食品街品尝传统饮食，还可直接体验匠人制作传统工艺品的过程，这里充斥着韩国古代的吆喝和民间音乐，让你身临其境，真实感受韩国传统文化。

Tips

地址：松坡区蚕室洞40号
交通：地铁2号线蚕室站4号出口出来
营业时间：09:30 ~ 23:00（夜场：17:00 ~ 23:00）；溜冰场是10:30 ~ 22:30　全年无休
电话：+82-2-411-4921

购票指南
1）计划在乐天世界玩一天，最好买可以利用所有设施的通票
2）如果计划下午5点以后来乐天世界，请买夜间优惠门票
3）票价：自由券 白天35000韩元／人，夜间24000韩元／人（17:00以后入场）；入园券 白天24000韩元／人，夜间21000韩元／人（17:00后）、10000韩元／人（19:00后）

网站：
http://www.lotteworld.com

Seoul 跟着韩剧游首尔

骆山公园
首尔的蒙马特

韩剧关键词》《巴黎恋人》中女主角居住的地方
首尔流行》 学院派艺术、古城墙下浪漫约会

巴黎有蒙马特，有艺术家聚集，有爱情墙，还有许多奇趣浪漫的元素。那么骆山公园，就是有着韩国味的"蒙马特"。

韩剧看多了，你会发现韩剧的一大特色，就是剧中家庭条件不好的一方，总是住在相对破旧但总是能看见风景的地方。当然，这又归功于首尔的山城地形，总是有"看得见风景的房间"。于是，长镜头看过去是浪漫风景，短镜头里则是冲破现实阻挠的爱情写意。

《巴黎恋人》里女主人公住的就是这样的地方。

086

Scenery
现实版王子公主约会地

属于平民恋人们的首尔城廓

《巴黎恋人》的李东健说：这里的夜色是首尔最美的……

韩剧之外，首尔的蒙马特照样诗情画意。

骆山公园的一面号称"首尔城廓"。因为绵延透迤着首尔的古城墙，地势又高，骆山公园可把大半个首尔城尽收眼底。这里不需要门票，是完全属于平民恋人们的最佳约会地。

而早在朝鲜时代，这可是贵族们才能来游玩的地方。古城墙由花岗岩构造，曾经在日本殖民时期遭到破坏，现在的公园是首尔政府于 2002 年修建完成的。将历史遗迹保存完好并归之于民享用于民，不愧是首尔市政府做的大好事。

《巴黎恋人》里女主角的小房子就位于骆山公园。

Seoul
跟着韩剧游首尔

男女主人公总是在附近散步。女主角也曾独自坐在城墙上看风景发呆。男女主角约会的长椅还在。剧中人流连的地方已经成为被许多人踩点拍照的Icon。

这里没有南山那么热闹,更让人感到自在轻松。山上起起落落地分布着一些民居,还有骆山亭、雕刻公园、脚踏车与直排轮专用道、健身园地等,更像是个开放式的平民公园。在山上随意找个地方睡觉也不会被人打搅。我们去的时候就看到在亭子里享受阳光午觉的人,那种躺下来完全放松的状态真的很让人羡慕。

透过城墙的石头缝里看山上的民居,仿佛一粒沙里看世界。民居的外观都比较简朴,但正如韩剧经常出现的镜头一样,平民们享受的风景,更能打动到你心里。

088

Scenery
现实版王子公主约会地

骆山壁画，人人都享受的 Eye Candy

首尔的艺术给人的总体感觉总是很贴近生活。骆山壁画就是如此，简单易懂、色彩奔放，让人眼睛一亮，因为真是有突然品尝到 Eye Candy 的感觉。这就是首尔的魅力，平凡变为经典，也就是一念之间。

骆山的这一念之间，在于首尔政府愿意将骆山交给那些年轻的学生艺术家们，施展自己的才华将骆山"梳妆打扮"。

你看到满墙的五颜六色，是每一个人都能理解的贴近现实生活的艺术。比如将卷尺做领带的裁缝店夫妇肖像，还有两只飞翔的翅膀中间留好位置等你去拍照留影，走在壁画当中不经意就成了"天使"。吸引眼球的还有雕塑公园里的艺术——镂空汽车钢板塑成的情侣、踩着步点的卓别林悬空走着钢丝……最戏剧的是台阶上的艺术。几十梯的台阶被年轻的艺术家渐进式做成一幅立体的画，画面是青葱的草地上停留着和平鸽。人人都能想到的"世界和平"创意，在这里却有着如此不俗的表现力。满是"鲜花"的台阶画，没有底色，只有几个用对比色调和的花朵渲染在台阶上，配上台阶上真正的小草，真真假假，浪漫而抒情。这些艺术都很容易理解。与博物馆里的艺术相比，这里的艺术带给你的是活生生的快乐。

让人忍俊不禁的还有仿复活岛上的巨石像，位于车库之上，似乎在告诫一些"不文明"行为。从古城墙到现在的当代艺术展示区，骆山告诉人们景点并非是一成不变的。当艺术融入了生活，景点也可以印证那句名言——"我思故我在"。

Tips

🚇 **交通**：首尔地铁 4 号线惠化站 2 号出口出来，经过 MARONIE 公园和东崇洞派出所，沿着骆山公园路走，可看到骆山公园标示，继续走 10 分钟左右即到

🕐 **营业时间**：全天（骆山展览馆 09:00～18:00）

费用：免费

首尔特别市综合旅游咨询中心
☎ **电话**：+82-2-1330

骆山公园管理事务所
☎ **电话**：+82-2-743-7985～6

089

Seoul 跟着韩剧游首尔

仁寺洞
以传统和艺术的名义，
好好享受人生

韩剧关键词》以争夺韩国国宝级名画为主要情节的电影《仁寺洞丑闻》，大部分背景地在仁寺洞拍摄，近年来新开幕的 Ssamziegil 复合型艺术空间十分抢镜。

首尔流行》在仁寺洞品韩国传统茶
　　　　　在 Ssamziegil 里购买年轻化的艺术衍生品

Scenery
现实版王子公主约会地

在首尔,哪怕如仁寺洞这样的地方,被报道了许多遍,依然藏龙卧虎。

仁寺洞被称之为"首尔活的博物馆"。你在这里可以感受到许多韩国传统文化的魅力,但是这绝不是一个死板的古董展示街。

你可在仁寺洞买到韩国老中青三代艺术家们的艺术佳作。哪怕你不懂艺术,也可在新晋爆红的 Ssamziegil 复合型艺术空间买到年轻化的艺术衍生品。

逛仁寺洞的另一个乐趣是穿街走巷在密如蛛网的胡同里找寻韩国传统饮食店和传统茶馆。要知道,在韩国传统茶屋喝杯茶,会让你大开眼界。

你可在随时有鸟飞过你头顶的茶室,与小鸟一起茗茶;在上下三层的"酒幕"茶室,你可一边欣赏千奇百怪的朝鲜时代假面具,一边聆听美国西雅图萨克斯手肯尼·基(Kenny G)的老唱片……

感觉很奇特吧。在古老的仁寺洞,就是以传统和艺术的名义,好好享受人生。

Seoul
跟着韩剧游首尔

Old Tea Shop 小空间大演绎，与鸟一起茗茶

　　这个茶屋不好找。沿着与仁寺洞中央轴心大街垂直的一条巷弄，踏着石板路经过了好几个低低的门牌，终于觅得芳影。茶屋在二楼，仄仄的木制楼梯上写着"Bird Flying Tea Shop"，即有鸟飞过的茶室。

　　上得正堂，发现提示得明白无误。五颜六色的鸟儿在你头上飞过，训练有素，见到客人一点不慌乱，倒是你会被它们毫无规律的飞行吓一跳。而茶屋的装饰则完全复古韩国的旧时乡村，俯首即是古董家私，有鲤鱼在古时瓦缸里游弋，随意摆放的乡村风格的鲜艳坐垫，还有做旧的传统布艺，上面还绣着大头娃娃。连卫生间都十分出彩，石子铺地，现代的马桶正对着一古董座椅，旁边装饰台上养着花花草草，低头一看，瓦缸里还游弋着两条鱼。

　　音乐低沉，摆明了让你穿梭记忆回到过去。点一杯梅子茶，醒醒神。小鸟闻香与你一起茗茶，一不小心就会站上你的杯沿。如此种种，难道不是乐

Scenery
现实版王子公主约会地

Seoul 跟着韩剧游首尔

趣？难怪 BBC、CNN 都来报道。

Ssamziegil 型男型女出没的仁寺洞

　　2005 前首尔的地图上只有仁寺洞，并没有 Ssamziegil，即韩语中的"仁寺洞里的仁寺洞"。

　　仁寺洞洋溢着老韩国味，印象中是观光客更喜欢扎猛。

　　但自从开了 Ssamziegil，首尔的型男型女也开始出没在这条传统老街。这里常年为学生艺术家办展览，再加上有许多卖原创设计产品的小店，所以艺术青年和喜欢逛街的女中学生成为这里的扎猛新势力。看过《仁寺洞丑闻》的人一定会对 Ssamziegil 印象深刻。镜头里，楼上的艺术家们正在进行原生态创作，楼下却是街舞年轻人的狂欢派对。

　　艺术在这里显得格外轻松。外墙上一个俏皮的"人人"字牌，寓意人人可享受艺术。Ssamziegil 共有 5 层，在这复合空间里，工艺品店、画廊、餐厅等都位居其中。中间有一小广场，环绕而上的通道将整座建筑上下连接起来，而回旋式梯形设计，每走一圈便自动上一层。转角处摆放有艺术植物，走廊上有休闲椅，让人觉得整个空间敞亮而惬意。

　　进入 Ssamziegil 的第一眼便被当时正在展出的马桶盖装置吸引了。马桶盖是生活中不可或缺但都

Scenery
现实版王子公主约会地

又羞于提及的,而艺术家居然在上面描绘蓝天白云、城堡美女,多么有趣!这正反映了 Ssamziegil 的一个宗旨:艺术可拿来简单地享受。

许多艺术品放在公共区域任大家免费参观,在走道里你会情不自禁地停下脚步,看看艺术家如何在餐盘上涂鸦,或惊叹洗衣手套原来也可大作文章。总之,这里的艺术品均来源于生活,又以生动诙谐的形式反馈于生活。

在 Ssamziegil,喝茶闲聊也是品艺术的一种方式。天台露天茶座风景绝佳,尝尝韩食配咖啡也不错,你可以像《仁寺洞丑闻》里的男主角一样,驻足让艺术家为你画一张肖像画,同时也静心感受下 Ssamziegil 的艺术氛围。

除此之外,你还会买到绝无"盗版"的各种韩国本土年轻设计师的原创设计产品。如果要在 Ssamziegil 挑一家我最喜欢的小店,那我会推荐"小王子"牌(nanishow)陶瓷品店。没错,就是那个童心未泯的小王子,他和他所住的星球以各种姿态出现在这里的瓷器、首饰和杯碟上,听说来过这里的女孩十有八九会抱一个"小王子"回家!

正如现在流行 Kidadult(成人儿童化),Ssamziegil 的人气也许就在于这里的艺术也"装嫩"!

Tips

仁寺洞
电话:+82-2-737-7885
交通:地铁 1 号线钟路 3 街站 1 号出口、地铁 5 号线钟路 3 街站 1 号出口、地铁 3 号线安国站 6 号出口

Old Tea Shop
地址:钟路区宽勋洞 2-2 号
电话:82-2-722-5019

Ssamziegil.
地址:钟路区宽勋洞 38 号
电话:+82-2-736-0088
营业时间:11:00 ~ 21:00,春节、中秋节休息
路线:进入仁寺洞后,路经首都药方以及古美术商街后,便可看见 ssamziegil

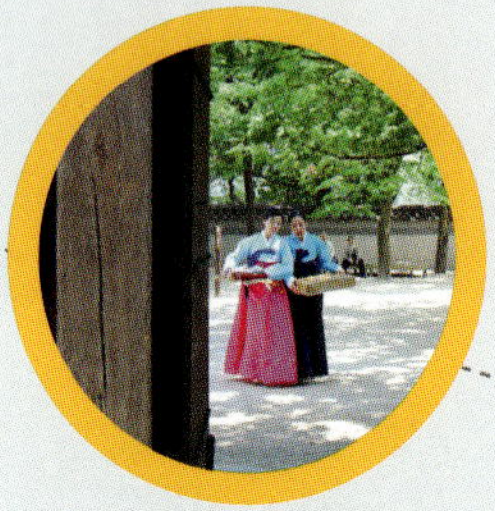
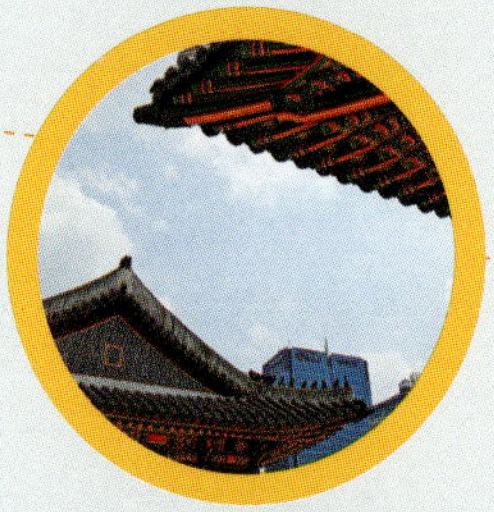
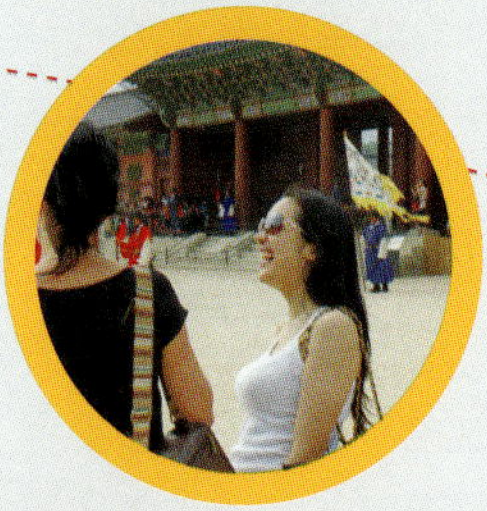

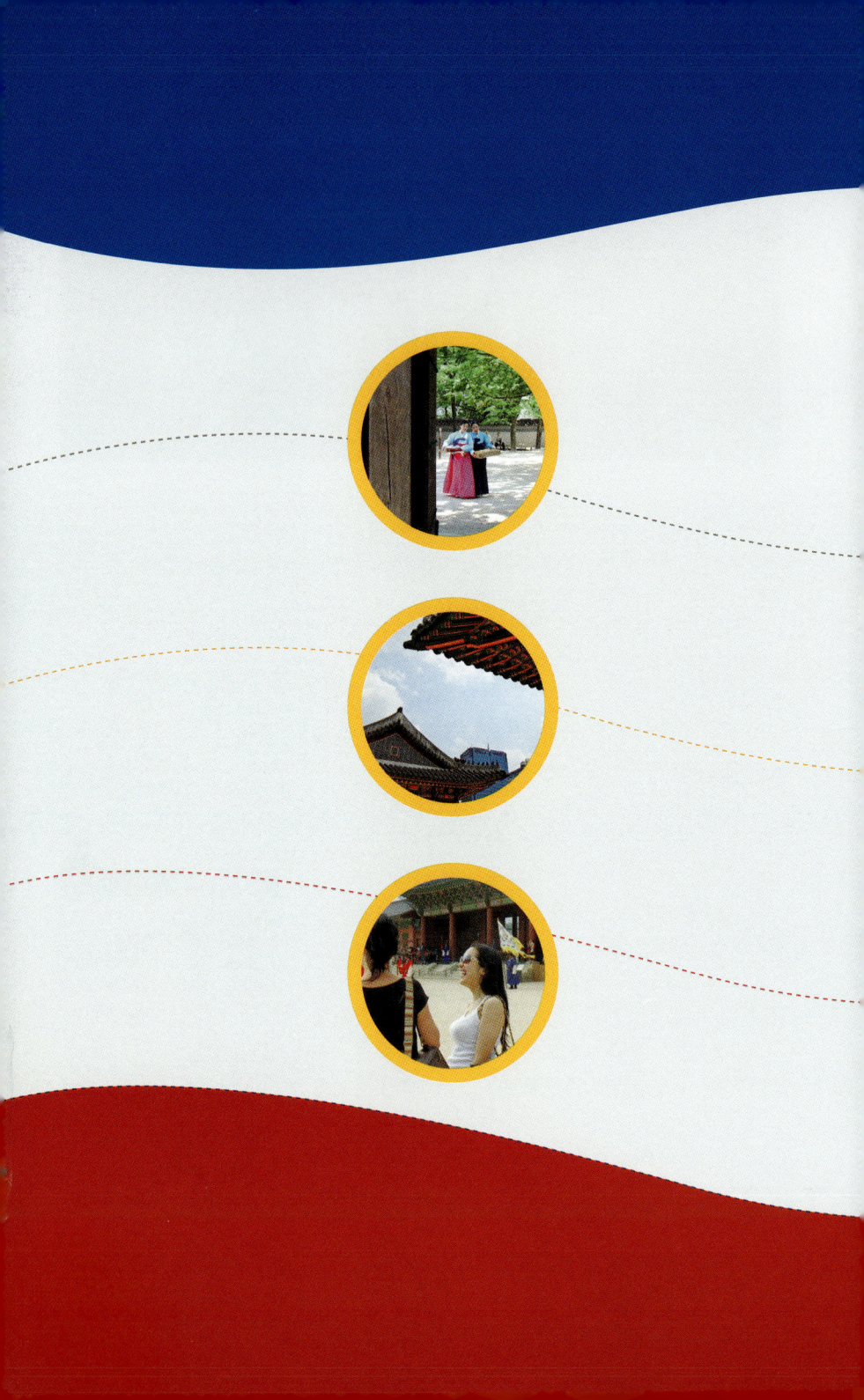

哎，我们在哪个宫见？

在首尔，复古风一直吹得很厉害。

近年最红的一部韩剧《宫》，把韩国虚构成君主立宪制，王子刚刚从高中读书回来，镜头一切马上就是朝鲜时代的王宫。这部韩剧以最现实最生动的画面呈现了韩国的宫廷文化。

在高楼林立的闹市区，隔一堵墙就是一个王宫庭院。

王宫更像是平民们的自家后花园。地铁3号线可通往景福宫、昌德宫、云砚宫；地铁4号线站可通往昌庆宫；5号线到达庆熙宫……除了真实的王宫，诸如北村韩屋村这样的皇城根下保存完好的古代建筑群，都是极好地体验朝鲜时代文化生活的地方。

多多留意下韩国流行文化，你会发现他们生活中依然爱称彼此为"某某王子"、"某某公主"，而首尔新版的约会口语是：哎，我们在哪个宫见？

下次再到首尔来，请记得把你的王子或公主约到王宫府院来。

Seoul 跟着韩剧游首尔

云岘宫 & 德成女大东国洋馆
王妃们的深造地

韩剧关键词》《宫》里王妃与王子举办婚礼的地方
　　　　　《明成皇后》里兴宣大院君的私宅
首尔流行》 在云岘宫学习正规宫廷礼仪　在云岘宫举办"王室婚礼"

　　韩剧《宫》里有这样一个场景：

　　正在读中学的野蛮王妃彩京在成亲前接受宫廷教育。虽然"还珠格格"似的无厘头让她经常受挫，但是最终她还是在风景如画的宫廷里与王子顺利成亲。这幕戏的外景地就在真实的云岘宫。

　　尹恩惠演的野蛮王妃颇有韩国版"还珠格格"的味道，非常受年轻人喜爱。韩剧的取景绝非随意，云岘宫就是明成王后接受王妃教育并且与高宗举办成亲礼的地方。云岘宫呈现的宫廷式生活，真实而贴近平民。

　　而很多人更憧憬着在云岘宫接受皇室礼仪学习，以及举办他们梦想中的"王室婚礼"。

098

Palace
宫廷,大隐隐于市

在正宗宫廷里学习做一个"王妃"

云岘宫坐东向西,以低矮垣壁与闹市相隔。

作为过去王室以及亲戚居住的院落,没有其他宫殿的政治性,温馨而平和的氛围洋溢在每个小院落里。云岘宫的建筑既不高大也不华丽,但古朴雅致,庭园深深又错落有致。历史上,云岘宫是兴宣大院君的私宅,高宗在此成长,并在即位后,通过扩建使云岘宫晋升为"宫"。

云岘宫的分布就像一个考究的牌局。

以老乐堂为中心,老安堂、二老堂相守一旁。老乐堂是举办家族聚会的场地,因此规模最大。老安堂则是大院君(高宗的父亲)起居之处,而二老

Seoul
跟着韩剧游首尔

Palace
宫廷，大隐隐于市

堂则是女性居住的院落，由大院君的夫人管理。明成皇后也是在二老堂接受的宫廷教育。

《宫》里的野蛮王妃学习宫廷礼仪的地方也是这里。现在，云岘宫礼仪学校向大众开放。平民如我们，也可以像王妃皇后们一样学习正宗宫廷礼仪。

古老宫殿上演现代大戏

《宫》里有个镜头是调皮的王妃与她的侍女们玩捉迷藏。宫女在上方屋内左右张望，而王妃就躲在

Seoul 跟着韩剧游首尔

屋下的拱形门洞里。这种建筑样式颇为少见。走进一扇门，里面仿佛是一个独立的院落，这样的大院落套小院落，层层递进的空间感让人备感新奇。云岘宫墙上和屋梁上的瓦片也是一大看点，雕花精巧，起伏优美。阳光好的时候，云岘宫的黑色筒瓦、朱红木梁、白色砖墙像一幅光影流转的水墨画。在屋内，多开间的布局使采光与通风都非常良好。

走近云岘宫的大门，是一片很大的砂石地坪。砂石地坪据说是朝鲜王朝宫殿地坪的普遍做法，目的是预防刺客，因为在沙土上行走会发出声响。云岘宫的砂石地坪显得非常空旷，过去这里经常举办皇室典礼（包括成婚礼），如果你在四月和十月去首尔，可观赏一年两次的明成皇后与高宗的结婚典礼再现仪式。现在云岘宫的空地归还给大众，时常举办艺术展或演出。在古老飞檐环绕下，现代舞台就兀自地搭在空地中央。每个星期天，这里变身为"星期日艺术舞台"，人来人往好不热闹。云岘宫的亲民还体现在宫中随意摆放的古式游乐设施。比如投壶、跷跷板等。

在云岘宫，时常有穿着鲜艳韩服的宫女出现在你的

Palace
宫廷，大隐隐于市

视野，恍如隔世一般。她们还在进行着宫廷的正常维护，兢兢业业，一丝不苟。

任一角度的风景都能镶在一个拱形里

走在云岘宫的二老堂处，就见一墙之外的风向鸡在高空摇摆。

这是德成女大东国洋馆的标志。

德成女大东国洋馆是典型的欧洲文艺复兴时期的建筑。与云岘宫贴得如此之近，而又如此和谐。因为之前就是云岘宫的一部分，德成女大的大门也是传统宫殿大门。大学里面树木葱郁，园林设计为日式风格。

《宫》里王妃与王子皇室生活的外部环境就拍摄于此地。可以说，云岘宫与德成女大东国洋馆，太适合这部现代与古代结合的宫廷片了。

德成女大东国洋馆主体建筑呈白色，大大小小的拱形门是建筑的最大亮点。

站在拱形门里往外拍，任一角度的风景都能镶嵌在一个拱形里，每个角度都近乎完美。

Tips

详细信息

云岘宫地址：首尔市钟路区云泥洞114-10号

交通：地铁3号线安国站4号出口；地铁5号线钟路3街站4号出口

门票：成人700韩元、团体550韩元 青少年个人300韩元、团体250韩元

云岘宫管理事务所咨询电话：82-2-766-9090

网址：www.unhyungung.com

云岘宫礼仪学校

申请电话：82-2-766-9097

传统教育教室

1) 教育内容：生活茶礼、结艺、闺房刺绣

2) 教育时间：周二～周日 10:00～19:00（各教育内容时间请参考网站）

云岘宫周日艺术舞台

场所：云岘宫特设舞台

日 期：4～10月，每周日 16:00～17:00

高宗明成皇后嘉礼仪式

日期：每年4月和10月的第三周周六在云岘宫举行。

Seoul 跟着韩剧游首尔

景福宫
最华丽的历史正剧

韩剧关键词 》《明成皇后》、《女人天下》等韩剧的主要外景地
首尔流行 》宫廷文化

就像一幕历史正剧，景福宫有最华丽的阵容与最源远流长的主题。

"君子万年，介尔景福。"诗经里的一句话，就是景福宫名字的来历。

在韩国，景福宫是"宫中之宫"。

它由朝鲜王朝创始者太祖李成桂在1395年建立，代表了李氏朝代近五百年的历史。

《明成皇后》里的闵妃，是景福宫里的女中豪杰。时隔经年，她的光辉一直存留于景福宫的楼宇宫阙中。这部韩剧也在我国央视播放过，如果你看过这部韩剧，走在景福宫里，一草一木都让你触景生情。

Palace
宫廷，大隐隐于市

从勤政殿一窥韩国宫殿特色

《女人天下》和《大长今》都主要讲述中宗时期的宫廷故事。作为李氏朝鲜第十一位君主，中宗即位就在景福宫勤政殿，也昭示了暴君燕山君时代的结束。勤政殿是景福宫的正殿，它是韩国现存的最大的木制建筑物，被指定为第 223 号国宝。

你可在勤政殿上一窥韩国宫殿的特色。首先是双层式屋檐。韩国宫殿比中国宫殿多了一道屋檐，在夏天的时候可以遮蔽阳光，并使屋内更加凉爽，这也是韩国宫殿与中国宫殿最大的不同。

Seoul 跟着韩剧游首尔

其二是杂像。勤政殿上下两层楼宇的屋檐上都有杂像,每一层左右两边各7个。这也是韩国宫殿的一大特色。十分有趣的是,这些杂像都是中国西游记里具有法力的人物,比如坐在最前面的是唐三藏,接下是孙悟空、猪八戒和沙僧等人。这些杂像皆为辟邪只用,数量一般为奇数,以宫殿的规格为序,如规格越高的宫殿,其杂像越多。

其三是宫殿上使用的丹青的颜色。勤政宫上的丹青颜色以红、黄、白、黑、青为主,分别象征阴阳五行里的火、土、木、水、金,而且用色比中国和日本的宫殿更为大胆。

韩国纸币上的景色——庆会楼

如果你手上有一万元面额的韩币,印在纸币上的宫阙就是景福宫的庆会楼。

名为"庆会楼",当年就是宴请之地。一片清凉的莲花池中屹立着双层楼亭,屋檐高翘非常雄伟,就像是水中之宫。

庆会楼最初是由世宗大王的父亲太宗修建的,但壬辰倭乱(1592～1598年)时被大火付之一炬,后又在1847年修复成现在的模样。现在庆会楼周围有供游人休息的长椅,但在几百年前这里是不能随便出入的。

一眼望去是如此惬意,你更可想象当年池畔边的歌舞升平。

再现韩国宫廷真实风情

景福宫与其他韩国宫殿不同之处,还在于四方都有大门可以进出,南面是正门光化门,东面

Palace
宫廷，大隐隐于市

是建春门，西面是迎秋门，北面是神武门。宫殿主要有勤政殿（朝臣与国王讨论政事之处）、康宁殿（国王寝殿）、交泰殿（王后的寝殿），还有王太后居住的慈庆殿、招待使节来宾的庆会楼。

而现在来景福宫，除了欣赏以上建筑外，更可欣赏真实的古代宫廷生活场景。光化门前的换岗仪式，除每周星期二以外，其余每天都会举行。从上午10点到下午3点，每到整点时，身着古代服装的守门将就威风凛凛地举行换岗仪式，其场面之气派，就像拍摄大片的布景。

在拍摄宫廷剧时，韩国导演总是很会切镜头，七八台摄影机同时送入五六个不同角度的画面。而面对景福宫里真实再现的宫廷生活场景时，你就是导演，画面怎么构图就看你的了。

如果你碰巧遇上"王家散步"，那更富有画面感了。其间有国王、王妃、王子、侍卫等三十多人身着朝鲜时期的服饰并配备相关佩物及道具，真实地再现王与王妃围绕后院香远亭一带散步的场景。在表演中还将穿插东宫王世子为了消除书筵之疲劳，在宫中闲庭信步，并在香远亭谒见国王和王妃的场景。

韩剧的宫廷剧，不仅是历史正剧，也时常是励志片。想起大长今与皇上散步的场景，让人对迎面走来的宫女有了恍若熟悉的感觉。

你心中的大长今，是怎样的呢？

Tips

地址：钟路区世宗路1号
咨询电话：82-2-723-4268（汉语专线）
交通：地铁3号线景福宫站5号出口，徒步5分钟即至；地铁5号线光化门站2号出口，徒步10分钟即至
开放时间：
3 – 10月：09:00 ~ 18:00（入场17:00以前）
11 – 2月：09:00 ~ 17:00（入场16:00以前）
5 – 8月周末及法定节假日：09:00 ~ 19:00
门票：成人 3000韩元/人 青少年（7-18岁）1500韩元/人
换岗仪式
时间：10:00 ~ 15:00（每周星期二休息）
旅游咨询热线：+82-2-1330（英、日、中）
试穿传统服装
场所：景福宫庆熙楼前
时间：09:30 ~ 17:00
参与方法：现场申请及体验
体验费：免费

三清阁"食神"在此

韩剧关键词》《宫》的主要外景地《食神》里的云岩亭即拍摄于此
首尔流行》 宫廷料理

    这个盘踞在高处的宫廷,并不是传统意义上的"宫"。它是由当代人建造的宫殿,传承着韩国匿名制的贵族口味。

    三清阁在韩国历史上扮演着重要角色。七四南北韩共同声明之后,南北韩红十字会代表团的晚宴就在此举行。现在,三清阁已经向公众开放。

    三清阁有着俯瞰首尔全貌的完美露台。

    你不仅可望见山峦环绕着城廓,更可望见三清洞乃至首尔城市全景。你可在此享用"王的膳食",一站式体验韩国文化精粹。

Palace
宫廷，大隐隐于市

聆听森林的涛声

城北洞之上的北岳山，一排石墙沿山麓而建，苍翠高大的树木掩映着石墙内的建筑。

这是韩剧《宫》里经常出现的场景。每当送别客人的时候，起伏山势与石墙构成了完美的背景，也显示出了客人的尊贵。

这是一个很有进深感的取景地，同时这也是一条非常优美的散步路。在首尔，石墙不是一个简单的屏障角色，看一座石墙的外观，你就能想象石墙内的建筑的品位高低。

是的，虽只有50年房龄，但这里的韩屋与石墙都堪称韩式建筑美学的经典。

三清阁由六间韩屋组成，每座房子都有个优美的名字：听泉堂、千秋堂、幽霞亭、翠寒堂、东白轩、一和堂……

每座"宫"的装饰都竭尽华丽，更显露出其作为高级会所的不同凡响。

作为曾经的政治会晤之地，三清阁的一个重要特点就是层峦叠翠，非常安静。

北岳山的森林包围了三清阁。在三清阁，我惊异于听到了海浪般的声音，当然这里离海很远，原

Seoul
跟着韩剧游首尔

来是无数树叶被风吹起时像海浪般的哗哗声。

在森林中，你只能瞧见某个宫阙的一角，也可见其私密性。

享用王之膳食

要知道，外面一万韩元的石锅拌饭，在这里大概为三万韩元。而且，来品尝王与王后的膳食，你一定还要穿着优雅，甚至可以穿着韩服翩然而至。

走进宫内，我们来好好一窥究竟。

在最主要的宫殿———和堂的前面是一片绿幽幽的草坪。上面摆放着白色西式宴会餐桌，在古香古色的建筑前面成为独特一景，这里也是首尔人梦寐以求的婚宴场地。

往里走，我们来到韩式餐厅"异宫"。

在"异宫"，你可以吃到传承古法的宫廷韩式定食。宫廷韩式定食作为传统韩国饮食的代表，是由最杰出的料理师在全国范围内挑选对健康有益的新鲜材料，采用最合适的调理方法精心做给皇帝食用

Palace
宫廷,大隐隐于市

Seoul
跟着韩剧游首尔

的饮食。而"异宫"里的韩式定食的食材源自北岳山清澈山泉水与百分百韩国特产。而且所有餐具都是由工艺设计师精心设计，堪称艺术作品。在《大长今》里被渲染得美轮美奂的宫廷料理，在这里真正的呈现。当年皇帝才能享用的美味现在你也可以享用。

在那么多碟盘当中，神仙炉、真九折板是韩国最具代表性的宫廷美食。神仙炉就是我们在国内时常吃到的韩式火锅，也有点像我们的北方火锅。中间以炭火烧烤，将肉、蔬菜等食材用高汤煮，边涮边吃。在朝鲜王朝时期，神仙炉是财富和权力的象征，只有宫廷贵族才能享用这道料理。真九折板的卖相更好看。分成九格的拼盘里，正中央是薄饼，周围是八种颜色可用薄饼包起来吃的作料，味道清淡可口。据说这是当年皇帝不太喜欢蔬菜，而御膳房臣子为了皇帝的健康考虑而想出来的料理，其精致卖相让皇帝忍不住动筷。

此外《大长今》里大长今的拿手菜之一"牛肉包烤松茸"也让人唇齿留香。松茸和上等牛肉在古代只有富贵人家才享用得起。牛排原是一大块，食用起来不方便。长今将其"改良"成薄片，包裹在长折山出产的松茸外面，烤至落日红。牛排吸收了松茸的香气，松茸的清爽又调和了牛排的荤腥，可

112

Palace
宫廷，大隐隐于市

谓是人间极品。

品尝无论是卖相还是手工都精致到极点的王之膳食，哪怕多花点钱也值得。

俯瞰城北洞乃至首尔全貌的露台

位于"异宫"之上的 Dasoni 休闲茶吧拥有俯瞰城北洞乃至首尔全貌的露台。如果要选择首尔排名前五位的风景露台，Dasoni 绝对名列其中。

坐在露台上，前面是北岳山的大片森林，后面是首尔城的现代建筑，山峦环绕着城廓，你会恍惚感觉这个温柔的山城竟是韩国最繁华的城市。

在这里可以享用覆盆子茶、红枣茶、松针冰茶等传统茶，还有二百五十多种葡萄酒等着你来品尝。

一站式体验韩国文化精粹

幽霞亭位于一和堂的对面。在《食神》里，这是男主角师傅的家，现在则是提供客人学习国乐及绘画的地方。

除此外，三清阁的宫各个都有不同的功能。听泉堂是举办各种宴会活动的地方；千秋堂是学习茶道的地方；翠寒堂是学习闺房工艺的地方；东白轩里则提供各种传统体验活动。

就如同《On Air》里男女主角谈及三清阁的观点，首尔人几乎公认三清阁代表了韩国最高级膳食之地，同时也是一站式体验韩国文化精粹的地方。

Tips

- 地址：城北区城北第二洞 330-115 号
- 交通：地铁 1 号线市厅站 6 号出口出来，在首尔广场酒店门口坐免费班车可到达（免费班车运营时间 10:00 ~ 22:00）；地铁 5 号线光化门站 3 号出口出来，搭乘免费班车即可到达
- 咨询电话：+82-2-765-3700

Dasoni 休闲茶吧餐饮：
覆盆子茶（13000 万韩元）、红枣茶（10000 万韩元）、松针冰茶（9000 韩元）

- 网址：http://www.3pp.co.kr/eng/main.html

Seoul
跟着韩剧游首尔

德寿宫
恋人路的前世今生

韩剧关键词 》《布拉格恋人》中男女主角的约会地点——德寿宫石墙路
　　　　　　李俊基主演的电影《初雪》的重要外景地
首尔流行 》约会在恋人路　赏花在德寿宫

　　首尔的恋人路，成全了许多韩剧里的 Happy Ending。

　　在《布拉格恋人》中，才嬉和尚贤走过恋人路，爱情的火花在此点燃，同样，在电影《初雪》结局里，男女主角在德寿宫石墙路上重逢，又是一个 Happy Ending。

　　这个恋人路，就是首尔的德寿宫石墙道。

　　石墙之内，庭园也风情。

Palace
宫廷,大隐隐于市

独自风情的恋人路

位于繁华市中心,毗邻市政府,石墙路依然独自风情。

路旁有银杏树,还有前卫的长椅,加之极强的纵深感,在一种优美的氛围中,"恋人之路"就这样让人停下脚步。

夜晚的恋人之路在灯光映照下泛着璞玉般的微光,不知有多少恋人在这里把情述说?

这条路的故事却不简单。曾有一种说法是"走过这条路的恋人会得不到幸福"。

Seoul
跟着韩剧游首尔

Palace
宫廷，大隐隐于市

有人说是因为朝鲜时代后宫里的妃嫔之间因争宠而引发的魔咒，致使走过这条路的恋人们会得不到幸福。另有人说以前这里有韩国家庭法院，经常办理离婚等手续，也会致使走过这条路的恋人们得不到幸福。

然而就像电影《初雪》里的情节一样，首尔恋人们一定要通过实际行动证明爱情如此伟大，没有诅咒可以阻挡。

男主角来自韩国，女主角来自日本。两人在日本某地划船时，被告知在那里划船的恋人会分手。为了安慰女主角，男主角说韩国也有这样一个传说，在德寿宫石墙路上走过的恋人也会分手，因此他建议在初雪降临的那天两人一起去走走石墙路，以达到负负得正的目的。

他们按约定走过了这条路，然而最终他们并没有分手，而且还在这条路上重逢了……

美好结局的背后，过去的宫廷哀怨幻化成了现代恋人们的情比石坚。

西洋风在宫殿里的直白表达

德寿宫原名"庆运宫",是朝鲜时代月山大君的宅邸。1897年高宗正式作为宫殿启用,在纯宗继位后改名为德寿宫。

名号的更替之间,德寿宫见证了韩国近代史的演变,可谓承载了荣辱变迁。

如果运气好,你可在石墙路上碰到古代骑马队表演,跟着他们来到终点德寿宫大汉门。大汉门与中国没什么关系,原名大安门,悬匾的字由当时的汉城府判尹(相当于现在的首尔市长)南廷哲所写。大安门指大事平安的意思。1906年经过维修后更名为大汉门。"大汉"意为"汉阳的昌盛",表达了祝福韩国永远昌盛的愿望。

静观轩是位于宫廷后院的咖啡馆。当年的高宗皇帝热爱喝咖啡,并在此"静静地俯瞰宫殿",不知多少春秋大事皆沉淀于咖啡杯底。

Palace
宫廷，大隐隐于市

静观轩是由俄罗斯建筑师 A. I. Sabatin 设计的融合韩式与西洋风格的建筑。你可在柱子之间看出端倪。咖啡馆内部的柱子与罗马柱相似，外侧以铸铁柱子围成了阳台，柱子上端还雕饰着青龙、黄龙、蝙蝠、花瓶等韩国传统图案。

这与现今首尔遍地开花的咖啡馆有异曲同工之妙。这样的咖啡馆大多洋溢着欧式风情，但仔细一窥细节，还是有许多传统的韩国元素。

德寿宫的石造殿更加令人惊叹，整个宫殿庭院都是直白的西洋风情，在一片韩国传统的朱檐碧瓦之间另辟天地。

它也是韩国建筑近代化的重要标杆。韩国庭院一般建在建筑的后面，称为"后院"，而石造殿的庭院是建在前面，并讲究对称的几何美。传统的韩国建筑里也没有喷水池，石造殿门前的喷水池也是韩国首建。

石造殿虽名为"殿"，但没有一丝楼宇宫阙的痕迹。无论是高大挺拔的罗马柱，还是正面和东西两侧设置的阳台，都彰显出西洋新古典主义风格。过去的石造殿作为高宗皇帝的寝宫，地下为侍从居住的房间，一楼为会客厅，二楼为皇帝和皇后居住的寝室。现在石造殿作为宫中遗物展览馆与美术馆向公众开放。

整个德寿宫，宫廷规模虽小，但地理位置却是最热闹的。

连翘、樱花、山杜鹃盛开的季节，"王的宫殿"以最优美的姿态恭迎每一个人。

Tips

地址：中区贞洞 5-1 号
交通：地铁 1 号线市厅站 2 号出口；地铁 2 号线市厅站 12 号出口
咨询电话：82-2-771-9952
开放时间：09:00 ~ 21:00（周一休馆）
门票：成人 1000 韩元，青少年 500 韩元
宫中遗物展览馆与美术馆可凭门票免费参观
网址：
http://www.deoksugung.go.kr/eng/index.asp

Seoul
跟着韩剧游首尔

北村韩屋
在皇城根下幸福相会

韩剧关键词 》《我的名字叫金三顺》中亨利·金投宿的 Guest House 便是北村的"乐古斋"。《冬季恋歌》里男女主角的学校，是位于北村的中央高等学校，附近还有女主角学生时代的家。

首尔流行 》韩屋民宿　传统韩国结

　　这里是韩国的皇城根儿。

　　鳞次栉比的古老韩屋，有着 600 年历史的胡同，让人迷失的街巷转角，从屋檐下探出头的小黑猫……古老的街巷充满了灵气，在这里迷路也是种幸福。

　　我一直好奇《我的名字叫金三顺》里从美国回来的亨利拿着地图找到的那家美妙民宿在哪里，后来发现它就藏在北村韩屋里。

　　要知道，北村嘉会洞中的"嘉会"二字在韩语中是幸福相会之意。

　　你可以像亨利与熙真那样，在皇城根下，与她（他）幸福相会！

Palace
宫廷，大隐隐于市

韩国的皇城根儿

之所以将北村韩屋称之为皇城根儿，是因为其位于景福宫、昌德宫两大宫阙之间的显要位置。可以想象，这里过去是王室家族或贵族们的官邸所在地，现在，在韩国政府的保护下，充满贵族气的古老胡同已经完全变身成活博物馆，巨细靡遗地向你呈现韩式传统房屋的精粹。

从"最想居住的地方"以及"谁都想去的北村"这两句话中你可得知北村在首尔人心中的地位。这个山坡民居的形成大抵要追溯到朝鲜时代，作为达官贵人的住处，从房子的门墙檐壁上仍可找寻贵族遗迹。每家每户的木门、铁门锁各有不同设计，门锁以岁兽为主，有的门上更有精致的铁饰，其图样以鸟兽、宫殿等为主。

北村韩屋因为北高南低的地势原因，冬天比较暖和，排水比较方便，南面方向比较开阔，景色较之北面要宽广，更可以看到南山美丽的景色。

嘉会洞 11 番地和 13 番地是北村韩

Seoul
跟着韩剧游首尔

屋的精华所在。在嘉会洞 11 番地一带有许多小而美的博物馆。比如展示传统文化的刺绣博物馆、嘉会博物馆。比较特别的是东琳打结博物馆，这里展示着各种韩国传统结。除了向前来游客展示工艺品以外，还设有各种打结课程，向初学者以及爱好者传授各种韩国传统打结方式。

虽然这些胡同如同迷宫一样，但是你想找到最佳取景点并不难，因为首尔市政府在相应地方做出了"Photo Spot"（取景点）的标记。比如，从北村文化中心出来，走上北村路小丘即可看到一个"Photo Spot"，从这里可以看到奎章阁及旧券璇源殿，还可看到仁政殿。

嘉会洞 31 番地为北村最高点，从这里放眼望去，古老韩屋与身后的现代建筑形成了鲜明对比，而更远处山峦起伏，在韩屋的青瓦菱角间隙取景拍摄，可谓典藏首尔的最佳方式。

Palace
宫廷，大隐隐于市

爱上韩国"四合院"

在《我的名字叫金三顺》里，亨利·金刚从美国来到韩国，拿着地图找到的韩屋民宿，就是位于北村的乐古斋。我特别喜欢的镜头，就是亨利与熙真坐在韩屋里，镜头从里面往外拍，前后门错落有致，庭园也若隐若现。

乐古斋，正如其名，是个"缅古思今，清心逸志，独立于尘世之外的去处"。除了住宿，还可以体验古朴的韩国式桑拿、韩国传统美食以及欣赏传统音乐舞蹈。

乐古斋的庭院不仅宽敞雅致，松木苍翠，还有一个诗情画意的古老亭台。这个亭台也是苏志燮主演的电影《电影就是电影》的外景地。

那乐古斋到底有多古老呢？它实际上有一百三十多年的历史，由一代工匠丁荣镇主持建造。韩屋的梁柱、房门和地板都采用天然的木材，无论屋内屋外都洋溢着木材的清新味道。韩屋民宿都是直接在地板上铺上被褥，你就在地板上面睡觉。不过你不用担心寒冷，大部分韩屋都设有地暖。

总觉得，与朋友一起睡在地板上时，彼此的距离感又拉近了。来到这里住宿，就像在北京的老胡同里住四合院的感觉。那种温暖与幸福是在别处酒店里感受不到的。

Tips
- 地址：首尔钟路区嘉会洞
- 交通：搭乘地铁 3 号线安国站下车；搭乘巴士红色 9710 路在安国站下车
- 北村文化中心咨询电话：82-2-3707-8388

东琳打结博物馆
- 地址：首尔市钟路区嘉会洞 11-7 号
- 电话：82-2-3673-2778
- 网址：www.shimyoungmi.com

乐古斋
- 地址：首尔市钟路区桂洞 98 号
- 电话：82-2-742-3410
- 网站：www.rkj.co.kr
- 房间：双人房 2 间，单人房 2 间，家庭房 1 间（共有两个房间），一共 6 间。住宿时要提前一周预订房间，用餐则要提前 2 天预约。

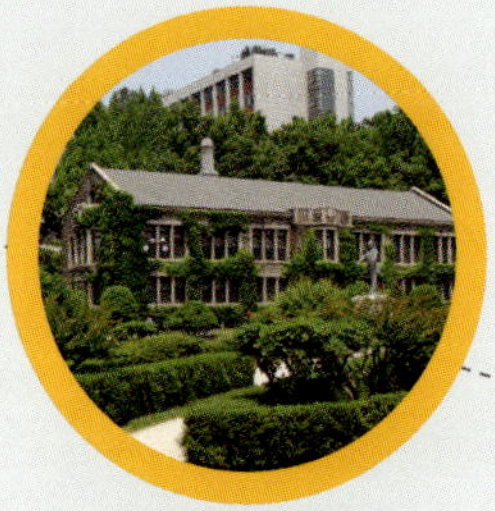
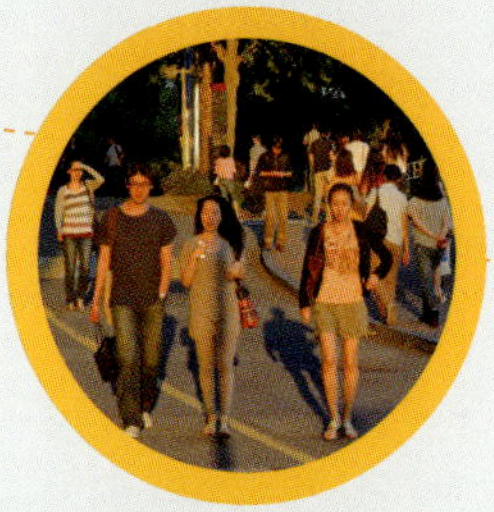
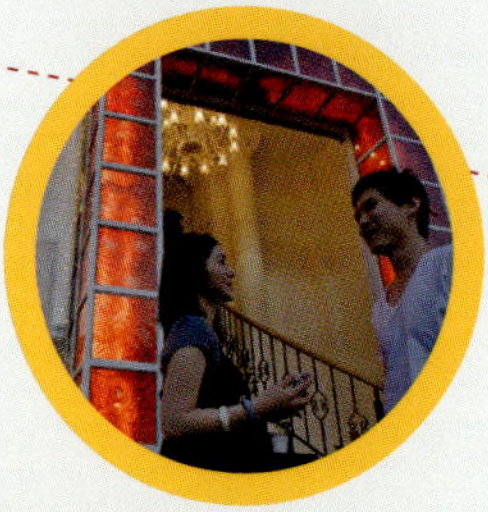

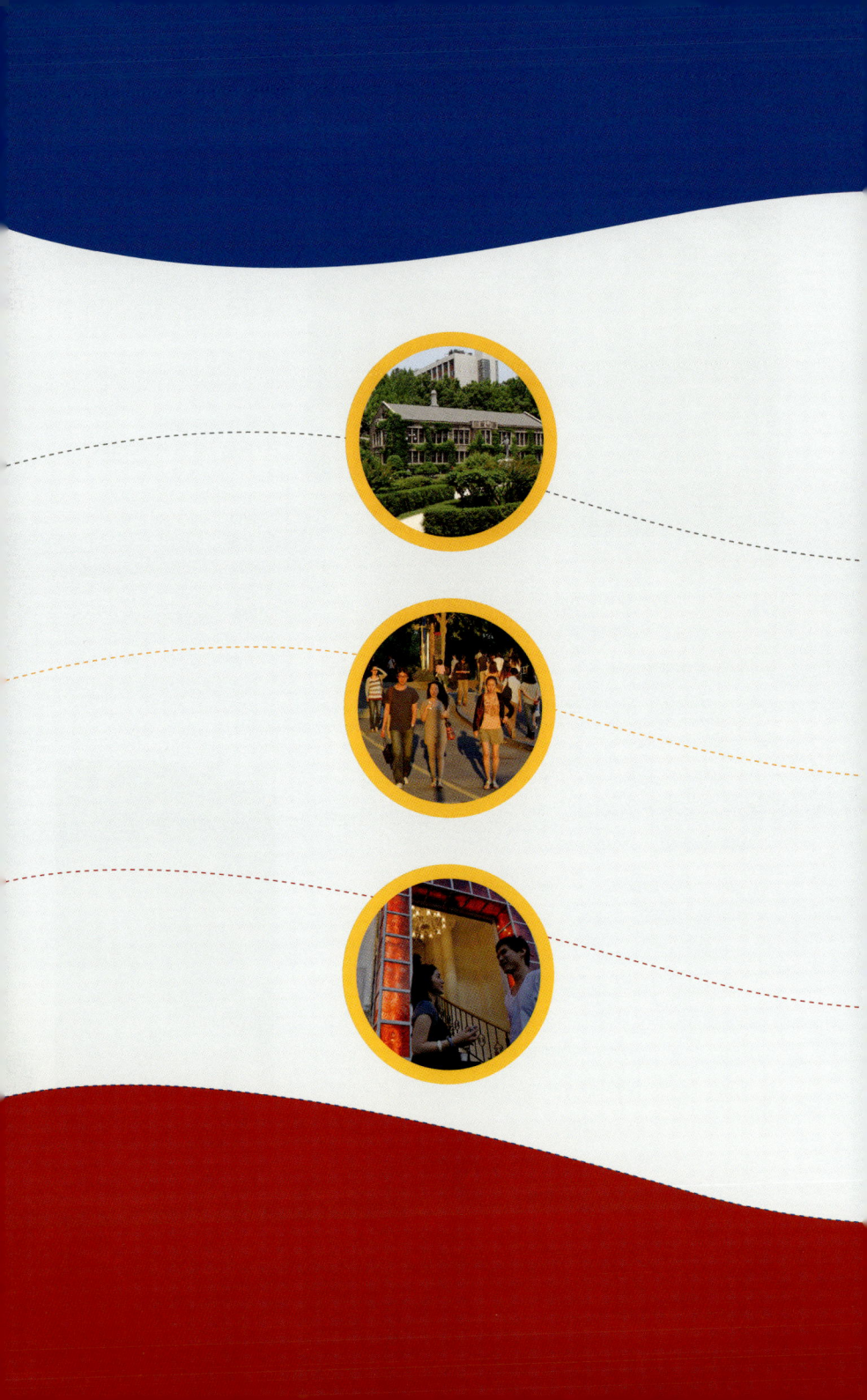

校园内外皆风情

韩剧喜欢以大学作为背景题材,因为大学校园往往是王子公主们清纯恋情的发源地。

首尔的大学,比如延世大学与梨花大学,都有着基督教的背景,蓝天白云配上教堂式建筑,东西方文化融合的浪漫在爬满常春藤的古老校园里蔓延开去。

校园周边皆风情。

弘大周边有最富个性的"弘大前",梨大周边有着充满气质小店的"梨大前",还有一条许多明星出道前都在此打工的大学路……

《我的野蛮女友》里的桥段真实地演绎在首尔校园内外,怎不让人心动?

Seoul
跟着韩剧游首尔

"花样男女"们聚集的弘大前

韩剧关键词》《花样男子》、《我的名字叫金三顺》、《春日华尔兹》等韩剧的外景地

首尔流行》涂鸦、学院艺术、街拍、俱乐部之夜

Campus
校园内外亦风情

平时是标准上班族的韩国朋友 Kim 为了陪我去弘大附近逛街特地穿了条超前卫的牛仔裤,我好奇地问他:你怎么这副打扮?他开心地说:因为今天要去弘大前啊!

你首先要明白"弘大前"这个概念。不光指弘益大学门前,还泛指周边的咖啡馆、俱乐部等聚集的相邻街区。所以,来到"弘大前",是多么让人内心激动的事儿!

在这里,你既能看见女大学生一边喝着咖啡一边遛狗,也能看到随着音乐晃动的年轻人把帽檐压得低低的快速走过你的身边。

首尔朋友这么跟我说:这是大多数首尔人年轻时都曾留下美好回忆的地方!

也难怪《我的名字叫金三顺》、《春日华尔兹》、《咖啡王子一号店》等都在弘大前取景。行走在这里的人就是最好的背景。当然,更别说这里习以为常的艺术展示、公演、俱乐部之夜……

爱上弘大前,不需要理由!

Seoul 跟着韩剧游首尔

弘大的年轻范儿

韩剧提示：《我的名字叫金三顺》中男女主角约会逛街的地方

弘大是韩国规模最大的美术院校。现在，它已经超越了一个艺术院校本身的概念，成为一个时尚与前卫的代名词。二十多年前，艺术家们就在此附近扎根，成立工作室。岁月的变迁，"弘大前"仿佛从一个质朴的女孩变成一个漂亮而风情万种的女子，它的魅力扩展至整个首尔。

弘大学校的大门就如同一个巨型的汉字——"门"。这个"门"以最大限度敞开着，欢迎来自世界各地爱好艺术的人们。

随意而俏皮的壁画涂鸦让"弘大前"看上去有点像首尔的"布鲁克林"，并形成了一条壁画街，不管是学生还是路人，谁都可以作画。那些老房子也完全改头换面，成为了被人画和被人拍的据点。

比起骆山上的壁画，这里的涂鸦更没有规则可言，就像任何人的青春都不会按部就班。

"弘大前"也是首尔摄影师们街拍的主要阵地。大学周边洋溢着充满个性的青春气息，你可以理解我的韩国朋友来逛街一定要换上前卫牛仔裤的原因

Campus
校园内外亦风情

吧。如果你实在没有姿色打扮得漂亮点，那就索性走另类路线也能吸引眼球。

"弘大前"的服饰店也充满了创意激情。比如名为"Yes"的内衣店，整个店巧妙运用玻璃窗涂鸦、象形符号等设计元素，配以红白的色调，浪漫得一塌糊涂，甚至让你感觉买内衣也是一门艺术。

而走到"粉红卡车"的店门前，每个人都忍不住往里面张望。因为这就是在粉红色卡车上贩卖商品的小店。在弘大还有一家姐妹实体店，但还是卡车店更为有名，店主甚至因此创意成为了明星人物。在韩剧《春日华尔兹》里你也可以看类似的卡车店，创意就来源于此。

从大学正门到极东电视台之间形成了一片咖啡屋聚集的街区，后被称作"毕加索街"。这里时常在街上展示公共艺术。毕加索路南段有许多卖衣服的小店，店主虽然年轻但品位不错。在这里你可以侃价，衣服本身价钱也不贵。而那些学生们自己设计的"地摊货"，价平质优，款式也有型，甚至很多人都靠此"一举成名"……

对年轻人来说，这实在是个太好的地方了。逛街、约会、哪怕就是在咖啡馆发呆，看着那么多有趣的人也不会觉得无聊。

Seoul
跟着韩剧游首尔

像金三顺一样，有胆就敢"秀"

韩剧提示：《我的名字叫金三顺》里金三顺飙歌的 KTV

《我的名字叫金三顺》在"弘大前"多处取景。而男女主角与其家人一起飙歌的地方就是著名的"秀" KTV。

你还没见过塌塌米设计的 KTV 吧？脱了鞋之后，完全放松，在有地暖的地板上，想坐想躺，想唱就唱，想怎样秀就怎样秀。"秀" KTV 内饰是小女生喜欢的 Pink 风。粉色家具、红色碎花墙纸、粉色靠垫……公主情结也弥漫在一片粉红中。

而"秀"的外观就更 High 了。全透明落地窗设计，打破包房的封闭感，绝对满足有作秀欲望的你。不管安安静静或是狂蹦乱跳，外面的人都看得清清楚楚。最别具一格的复式包房，上层是舞台，下层是看台。其温馨的氛围就让你感觉是在家里一样。

对于外面的看官来说，更有种偷窥的快感——你见过在家里疯唱疯跳的吗？

而所谓秀场在此，谁管你五音不全，有胆就敢秀——这不也是大无畏的金三顺小姐倡导的精神吗？

Campus
校园内外亦风情

Seoul
跟着韩剧游首尔

韩国的三里屯

韩剧提示：《花样男子》里男主角活动的俱乐部

很多人似乎更爱弘大前的夜。CLUB 里哗然涌出的青春，更有绝对吸引力！

弘大前的 CLUB 不仅数量多，品质也都可圈可点。风靡亚洲的韩剧《花样男子》里金范在俱乐部吹萨克斯的情形迷倒了很多人，这就是在 VERA CLUB 拍摄的。 作为新晋走红的俱乐部，VERA CLUB 制胜点在于先进的设备和出众的 DJ。由于时尚而前卫，这里也时常举办影视新闻发布会。俱乐部分上下两层，很多美女更喜欢站在上面比较安静的角落，在镭射灯发散下的迷离光影中，寻找像金范这样的"花样男子"。

更酷的还有"冰酒吧"，点燃的是零下五度的激情。与世界上其他冰

Campus
校园内外亦风情

吧不一样的是,"弘大前"的这家冰吧更像一个迷你城市。冰雕造型不仅有人物、建筑,还有生活用品,并且极其彰显奇思妙想。与搞怪的冰雕合个影吧,比比谁更酷!而这里帅哥调酒师递给你一杯盛放在冰杯里的威士忌,会比任何一个年份的都来得好喝哦。

  每个月的第三个星期五是你一定要来的日子。"弘大前"的10个俱乐部联合举办"Sound Day"活动,只要买一张票,就可畅享10家俱乐部。这里的音乐大多是优秀DJ们自己创作的作品。爵士、摇滚、Funky、嘻哈、电子音乐等等应有尽有,这里就是韩国的三里屯!

  Live Show之后,你可尽情蹦跳,累了有路边小吃摊,辣打糕或是鱼肉丸也不失为补充体力的能量来源。离"秀"KTV不远的拍摄过《春日华尔兹》的小吃店,生意非常好。店主并没有改走高档路线,而是继续以一碗热汤面的精神,做着周围的俊男靓女们的回头生意。

  是啊,帅哥美女艺术家云集的"弘大前",有着年轻范儿的服饰店、KTV、俱乐部的"弘大前",还有体贴的路边摊犒劳你的胃的"弘大前"……谁会不爱"弘大前"?

Tips

交通:地铁2号线弘大入口站出

"Pink Truck"粉红卡车商店
本店的营业时间是周一到周六,卡车店的营业时间是周二到周日。
网站:http://www.pink-truck.com

Ice Bar Zub-Zero
地址:麻浦区西桥洞364-3号地下2楼
电话:82-2-337-6888
交通:地铁2号线弘大入口站6号出口出,步行约10分钟即至
营业时间:13:00~次日02:00

"秀"KTV
晚上7点前10000韩元/包厢;
晚上7点后20000韩元/包厢
(特别包厢30000韩元)

"Sound Day"参与的俱乐部
EVANS、FF、FREEBIRD、SPOT、SOUNDOKIC、LIVECLUB、SSAM、DRUG、WATERCOCK、UNIT、HOLE
时间:每个月的第三个星期五
票价:15000韩元(含一杯饮料)
网站:http://www.clubculture.or.kr

Seoul 跟着韩剧游首尔

在延世大遇见"我的野蛮女友"

韩剧关键词》《我的野蛮女友》里的校园
首尔流行》"野蛮女友"、校园路边摊美食、学院派书吧

你一定记得下面两个经典镜头：

《我的野蛮女友》里，在起伏的小山坡上，全智贤因为高跟鞋打脚，"命令"男朋友与她互换鞋，然后她穿上男友的球鞋快乐地奔跑，穿过林荫道，穿过棒球场，而男主角蹩脚地在后面跟跄地追赶……

Oppo real 音乐手机的广告里，当"每一次我和你遇见，发现希望无限……"的音乐响起时，女主角金敏智拿着书本奔跑在美丽校园里的场景，让人觉得广告多放两遍也没关系。……

韩国最古老的私立大学——延世大学校园如此美丽，而我们又喜欢在别人的故事中阅读年轻的自己，这样的镜头怎能不让人动心？

Campus
校园内外亦风情

仿若中世纪的欧风校园

　　创立于 1885 年的延世大学，无论从哪个角度看，都是韩剧的完美背景。

　　延世大学的前身是延禧大学校和广慧院以及世博兰斯医学校。1957 年 1 月，延禧大学校和世博兰斯医学校正式合并，从原校名中各取一个字，命名为延世大学。一个多世纪以来，延世大学培养了众多卓越的人才，不仅跻身世界前 100 位名校行列，更成为韩国历史上第一所提供留学生交换的学校。

　　延世大学校园实在太古老，以至于常春藤爬满了几乎校园里的主要建筑，这也难怪它成为韩国享有盛誉的常春藤盟校之一。因为有上百年的历史，这里的建筑你都可以当做古迹来欣赏。延世大学是以基督教精神为准则的学校，建筑风格也充满了基督教建筑的美学特征。走上学院的台阶，透过层层递进的拱形门，你甚至有种走进礼堂的感觉。

Seoul
跟着韩剧游首尔

校园恋爱，条条道路通罗马。从延世大的延喜馆前往安德伍德馆的路上，是电影《我的野蛮女友》、《假如爱有天意》的外景地。校园的青松台是扬名校内外的约会场所。而在电影《假如爱有天意》中，男女主角避雨的浪漫镜头就拍摄于延禧馆。

延世大学校园的园林也与其建筑一样，充满了欧式的几何美学。时至今日，其园林设计仍堪称一流，从任一角度看过去都有其对称点。校园里的花草树木也风情万千。杜鹃花和樱花是春天的完美主角；夏天的常春藤和绿茵魅力无边；秋天的橘黄落叶更衬托出青瓦石墙的古老魅力。这也难怪校外人经常在此散步，谁让延世大学过分美丽？

山坡多也是延世大学的一大特色，起伏的山坡为校园增加了蜿蜒的曲线。骑自行车的人特别少，大部分学生都是手捧书本行走在校园里。就像Oppo real 音乐手机里的场景，坐在山坡边的长椅上，亦可观赏打扮入时的少男少女，谁知道会不会撞见下一个"全智贤"？

体验"野蛮女友"式的豪放青春

韩剧里经常有如下场面：放学了，家境不好但又好吃的大胃王女主角冲向学校外的小吃摊，开心地喊道："我要紫菜包饭，我要炒年糕……"如果有人表现出不屑，女主角会很有愤慨地说道："你们没

Campus
校园内外亦风情

有在路边摊吃过？你们懂得什么叫人生吗？"

　　这种被编剧们视为"人生"必不可少的路边摊小吃，很地道也很美味，特别是当你肚子饿的时候。不必去大饭店，方便而迅速。下午的时候，延世路上陆陆续续出现小吃摊，年糕条、鱼丸、紫菜包饭、米肠到鱼干、鱿鱼等等，你能在韩剧里看到的学生时代的平民小吃，在这里应有尽有。如果你想体验"野蛮女友"式的豪放青春，可到延世大学正门出来后的胡同——新村美食街。这里聚集了许多酒吧和美食店，这里的餐饮不仅物美价廉，而且酒类的种类多样，更可一窥学生们在校外的"野蛮青春"。比如鹰药局巷子内的壳屋餐厅历史十分悠久，在传统与青春对撞的气氛中喝上一杯烧酒，是别处尝不来的。

梨花大学　出美女+才女的校园

　　延世东门路则更加和风细雨，这里有温情脉脉的书吧、文具店、首饰店等等，感受学院派的温婉抒情，也让人赏心悦目。

　　如果想继续"野蛮女友"之旅，不妨继续沿着延世东门路走向梨花女子大学。成立于1886年的梨花女子大学，是韩国历史上第一所女子大学，也是韩国规模最大的女子大学。要知道，这可是首尔人公认的出美女的地方哦，梨大前购物街的品位甚至不逊于明洞。同为基督院校的梨大校园与延世大学风格相近，"真善美"是梨大的校训。校园里并没多少梨花，但梨花的高雅素洁是这里的气息。多少年以来，梨大的美女们以纯真而优雅的气度做底，无论敷上多少繁华，都气定神闲。

　　梨花大学的建筑更接近中世纪的欧洲。大片草坪、树木、蓝天、教堂……看来往于古旧建筑里的美女，就像看一幅来自17世纪的名画，只不过走出的是21世纪的"野蛮女友"。

Tips
延世大学
- 地址：首尔西大门区新村洞延世大学134号
- 交通：地铁2号线 新村站2号出口
- 电话：+82-2-1330
- 网站：www.yonsei.ac.kr

梨花大学
- 地址：首尔西大门区大岘洞11-1号
- 交通：地铁2号线梨花女大站2号或3号站出口
- 网站：www.ewha.ac.kr

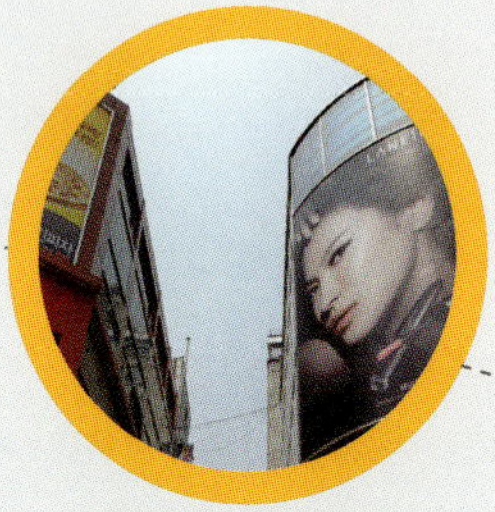

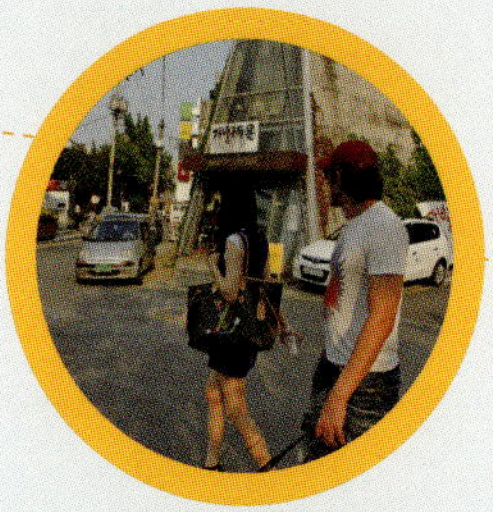

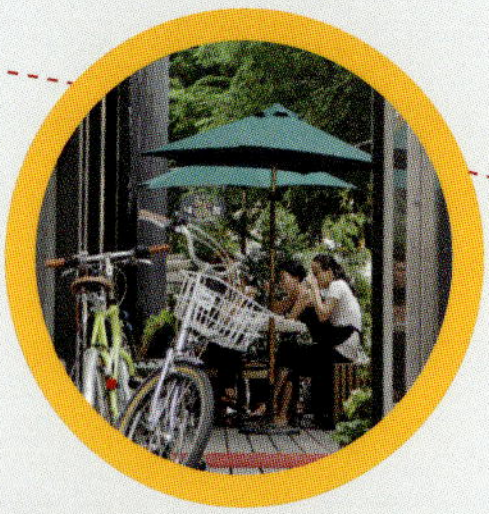

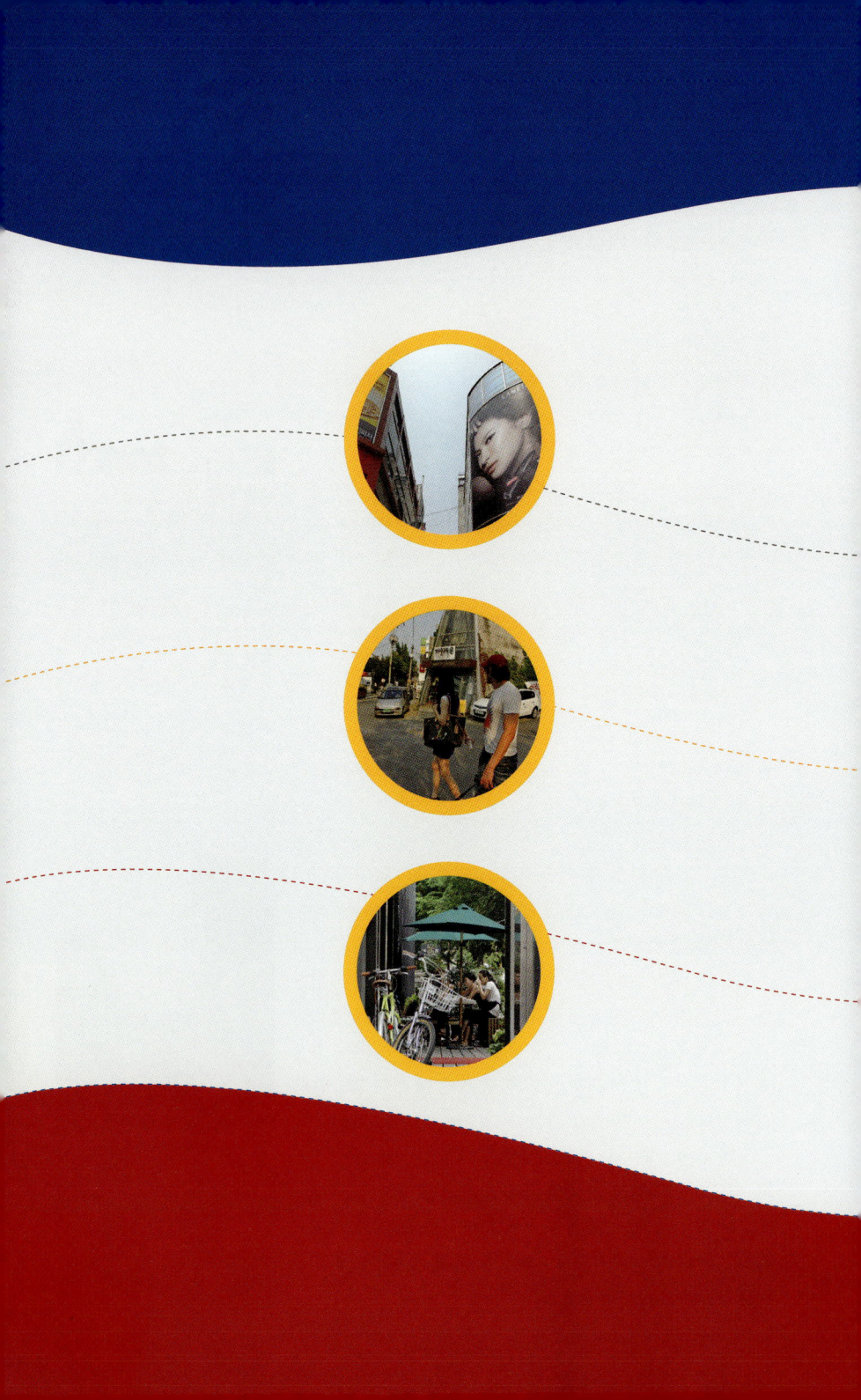

在这里邂逅明星

这里有最红的明星,最知名的品牌,最多的人群……

告诉你 Who's Hot 或者 What's Hot!

这里就是韩流始发地。

这里更像是首尔的梦工厂,在这里 Window Shopping 也会遇见明星。

这里贩卖的不只是商品,更多的是梦想。

Seoul
跟着韩剧游首尔

明洞 Made In Korea！
韩流始发地

韩剧关键词》《美丽的日子》、《宫》、《On Air》等韩剧的外景地
首尔流行》 血拼在明洞

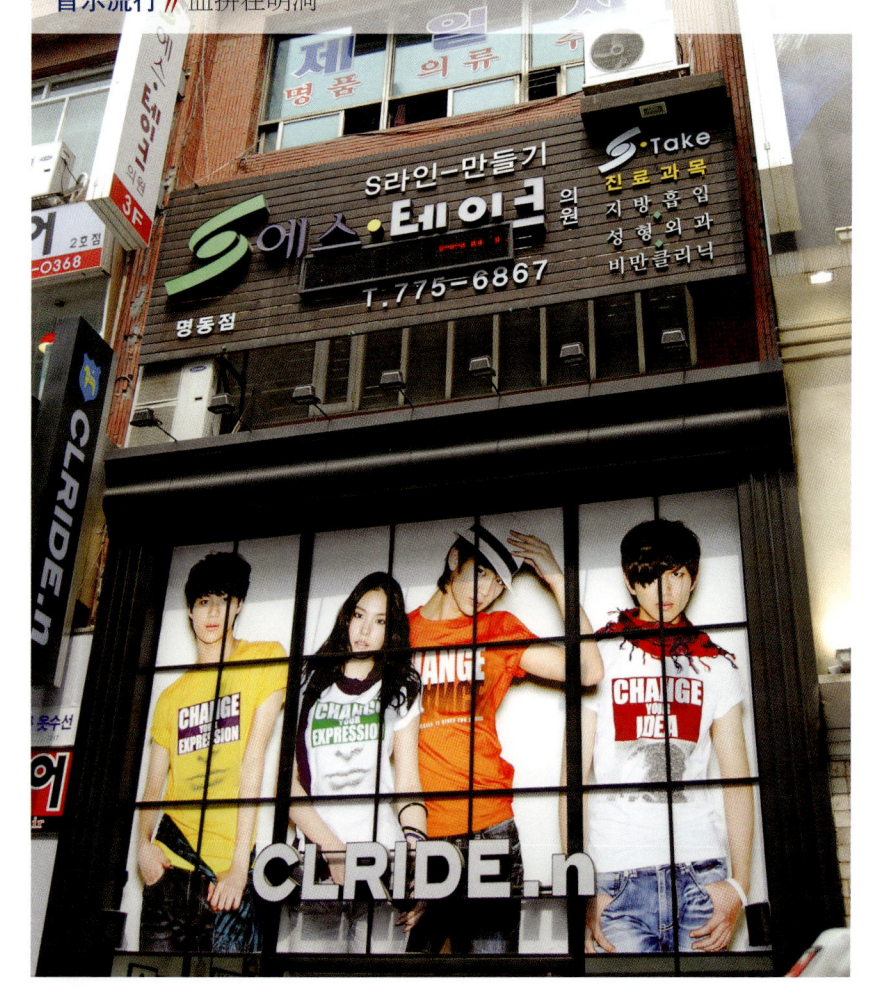

Star
在这里邂逅明星

作为首尔最热闹的街道，明洞在每部韩剧里几乎都露一小脸。

明洞的天主教堂，是《美丽的日子》中男主角向女主角求婚的地方。

在《宫》里，男女主角曾在明洞甜蜜接吻，而且你还可以找到女主角彩京带着粉红色安全帽歇脚的"PASCUCCI"咖啡厅。

在反映明星真实生活的韩剧《On Air》里，一场明星在街上购物被群众簇拥的戏也是拍摄于明洞……

明洞商家的广告招牌上大部分都是明星们的脸，而且广告招牌又高又大，明星们的脸在拥挤的街道上亮眼无比，而明星们诠释的就是所谓韩流——Made In Korea 的潮流时尚。

如果你是个酷爱血拼的人，来到这里就会像老鼠掉进了米缸一样幸福。

Seoul
跟着韩剧游首尔

解读明洞时尚

明洞大街是指从地铁4号线明洞站到乙支路、乐天百货店之间约一公里长的街道。这里知名店铺云集。而两侧的胡同则聚集着无数商店、餐厅、咖啡屋。如果要在最短的时间内买到"Made In Korea"的商品，那明洞是最好的选择。

大的百货公司如乐天百货，从明洞过地下通道就可到达；美利来（migliore）大型折扣购物商场，旁边还有一个小型露天表演场，不时有T台秀；而想买韩国传统纪念品则可到阿瓦塔（Avatar）购物中心。

Star
在这里邂逅明星

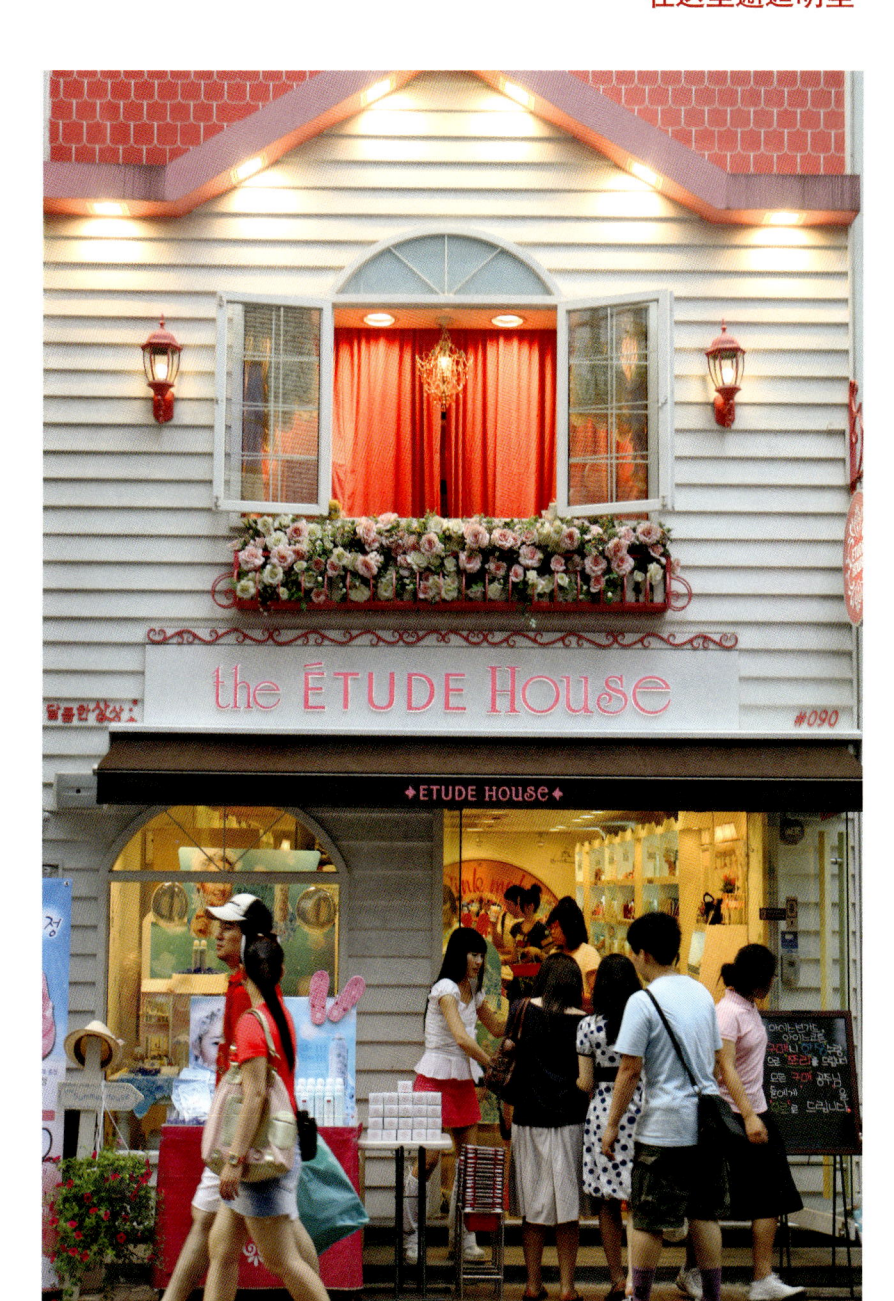

Seoul
跟着韩剧游首尔

几乎所有著名的韩国本土品牌都在明洞设有旗舰店。比如 The Face Shop、Laneige、Basic House 等等。而聚集在周围的露天店铺贩卖着一些当季最流行的饰品、包袋等，价格不贵，还可以讨价还价。

"WHO.A.U"是林立在明洞的知名品牌之一。这是韩国著名品牌服装巨头 E-LAND 旗下的休闲品牌，也是第一个进军美国市场的韩国休闲类品牌。虽然商铺标语上写着"California Dream"（加利福尼亚梦想），但服装设计上还是蕴含着许多韩国传统元素。店铺里身着品牌衣服的模特就像有几分美式风情的韩国少女。韩版服饰的重点在于搭配，并创造出了属于韩国式的层叠搭配式样。现在韩国服装的兴起并在近年来引领亚洲时尚潮流，与韩国设计师们的开拓精神不无关系。同样的衣服款式，都可能会有

Star
在这里邂逅明星

145

Seoul 跟着韩剧游首尔

不同的搭配叠穿法，嘻哈风与淑女风可搭配，嬉皮风与学院风可搭配，甚至洋装也可以很可爱……

而不管"Who are you"（你是谁），你都能在明洞里找到属于自己的一件。

养眼明洞，街拍胜地

在明洞看明星广告招牌是件赏心悦目的事情。裴勇俊、张东健、Rain、李民浩、宋慧乔……你能想到的当红明星都在明洞里有一张硕大的脸。有朋友开玩笑地说，你想知道现在韩国明星谁当红，在明洞里走一圈就明白了。

CGV 电影院明洞店的电影海报也是人气排行榜之一。朋友指着《女高怪谈》的海报和我说：这是非常好看的恐怖片，几乎每拍一部捧红几位女明星。另外，明洞聚集着几乎所有著名的韩国潮流品牌，能代言这些品牌本身就意味着非凡人气。铺天盖地的海报与招牌没有压迫感，它们经过精心设计与摆放，反而把明洞的胡同巷弄装扮得非常养眼。

Star
在这里邂逅明星

如同《On Air》里的场景，在明洞遇到明星也不是件很难的事，只是那时拥挤的明洞会更拥挤了。走在明洞的人群中不乏酷似明星的花样男女，难怪这里成为摄影师们最爱的街拍胜地。

一次在明洞胡同口，我看到由 Rain 代言的美食商铺与宋慧乔代言的化妆品商铺分列在街道的两边。高大的广告牌使建筑和行人都成了配角，两人用各自的招牌笑容倾情对视，再次上演了一幕"浪漫满屋"……

好了，手捧一只特大的明洞冰淇淋，我已经开始幸福地迷路……

Tips

交通：乘坐首尔地铁 2 号线，在乙支路入口站 5 号出口出；或者乘坐地铁 4 号线，在明洞站下车，从 5、6、7、8 号出口出来即到

在明洞有两处旅游咨询中心，一个位于乐天百货正对面的明洞地下购物中心的出口处，另一个位于明洞中央路约 500 米的位置。两个地方都提供观光地图，以及首尔市内及周边主要旅游区的详细信息。
明洞旅游咨询处电话：+82-2-757-0088

一定要去品尝的明洞美食店：
明洞饺子
该餐厅开业于 1969 年。用鸡骨头熬了 6 个小时的鸡汤和刀削面很著名。在首尔，只要提起刀削面，人们便会想到"明洞饺子"。
菜品：刀削面 5500 韩元，豆汁面 5500 韩元，凉拌面 5500 韩元，饺子 5500 韩元
营业时间：10:30 ~ 21:30　**休息日**：韩国春节、中秋
电话：+82-2-776-5348(韩)

古宫
全州是"拌饭之乡"，1971 年著名餐厅"古宫"在全州开张，1999 年在明洞开设了分店。
菜品：全州拌饭 10000 韩元，石锅拌饭 8000 韩元，章鱼拌饭 8000 韩元，古宫杂菜 13000 韩元
营业时间：11:00 ~ 22:00
休息日：韩国春节、中秋
电话：+82-2-776-3211(韩)

CGV 电影院明洞店
地址：首尔市中区明洞 2 街 83-5 号 Avatar 大厦 8 层
票价：成人 7000 韩元，青少年 6500 韩元（早场优惠价 4000 韩元）
休馆日：无

Seoul
跟着韩剧游首尔

狎鸥亭洞
首尔的比弗利山庄

韩剧关键词》《天国的阶梯》外景地。SM 等明星事务所所在地。
首尔流行》 在狎鸥亭洞喝咖啡、Window Shopping

Star
在这里邂逅明星

如果你跟人家说：你住在狎鸥亭洞，那几乎所有人都会惊呼起来：Wow！

你的身份已经跃然等同于明星或名人，因为这里聚集着明星事务所、明星最爱的美发店、明星最爱逛的小店、明星们开的餐厅……

傍晚的狎鸥亭洞，暮色垂下，灯光渐起，就像一场时装剧在聚光灯下准备拉开序幕。你可见光影迷离的胡同里走出一个打扮得非常得体的戴墨镜的女子，嘘……

这里是首尔的比弗利山庄，没什么好惊奇。

149

咖啡馆的梦工厂

　　狎鸥亭洞的名字来源于朝鲜世祖时代的权臣留下的狎鸥亭子。现在的贵族气依然在胡同小巷里弥漫着。

　　地理上的狎鸥亭洞指的是 Galleria 百货店对面一带的区域。狎鸥亭洞就像装着太多精美好首饰的首饰盒，而且里面的首饰个个精致而独特，以宝石般的质地吸引着每一个人。

　　如果你不想把大把钞票花在那些时装上，那在咖啡馆坐一坐也能体验狎鸥亭的精致。

　　《天国的阶梯》的外景地 Café PASCUCCI，本是一家全国性的连锁店，但身在狎鸥亭洞，也变得非同寻常。店内以黑白红三色装修，前卫新颖。这里有卖刻着剧中男女主角名字的杯子，每只大约 13000 韩元。实惠些，点一杯象征两人爱情的心形花式咖啡，只要 4000 韩元。

Star
在这里邂逅明星

Seoul
跟着韩剧游首尔

  Papergarden café 则是另一家地标咖啡馆。这里时常有明星或衣着光鲜的半成品艺人光顾。入口处有一个帐篷搭起的小花园，花园里的位子时常是需要抢的。Papergarden café 的拿铁咖啡很不错，不过食物价格有点小贵。作为首尔新概念咖啡馆，除了咖啡和食物，这里还展示和售卖家具和衣服。Papergarden café 在新寺洞开了第二家分店，同样好评如潮。

  如果你是意大利 illy 咖啡的粉丝，那狎鸥亭的 Espressamente illy 旗舰店一定让你大快朵颐。此外还有算命咖啡馆、兼具游戏娱乐功能于一身的游戏咖啡馆……狎鸥亭就像个咖啡馆的梦工厂，众多明星咖啡馆汇聚在此，有个性有主题有品位，还贩卖梦想。

  再比如位于转角的 De Chocolate Coffee，它家的咖啡是用非洲肯尼亚山高级咖啡豆研磨而成的，手工亦很棒。开业的时候星光荟萃，众多韩星来捧场。就算现在路过这家店，也很难不被它的魅力吸引。

Star
在这里邂逅明星

酷酷的 Loft 造型，两层楼共用一道高高的黑木门，全敞开式设计，使店里的巧克力色流溢到外面。

狎鸥亭的咖啡馆似乎都喜欢这样完全敞开式的设计，连窗户都要完全打开，谁是谁的风景已经不重要。

精品店的梦工厂

美国洛杉矶有条著名的罗德欧街，坐落于星光熠熠的比弗利山庄，聚集名牌精品无数；狎鸥亭也有一条"RodeoRoad"，同样有名望有气势。

韩国明星们不从众的心理使狎鸥亭的精品店个个生意红火，有众多 VIP 明星客户做后盾，高价出售个性和质感就不再是件曲高和寡的事情。

罗德欧街的精品店的门面都不大，但里面的价格绝对赶超大牌。这里聚集着 Banana republic、Abercrombie、Club monaco、Old Navy 等品牌，还有

Seoul
跟着韩剧游首尔

很多是你很难在市面上见到的品牌，在这里做着独此一家的经营，并且议价空间很小。

而我更喜欢售卖生活用品的精品店。比如 Second hotel。从外观上看，这个屹立在街角的古怪建筑就像个金字塔。一进门就瞧见"Check In"和"Check Out"的字样，那是在表达主人经营酒店的梦想。店主其实早已把梦想里的酒店的名字都想好了，叫做"First Hotel"，所以这家精品店顺理成章成为 Second hotel。这里售卖倡导自然主义的浴室用品、创意家具及其他小商品。楼上的休憩区很特别，累了你可躺在床式沙发上舒服地休息，还有迷你小吃部，买好了就去 Front Desk 付账，一切真的就像在酒店里一样。

t.odo 则是另一家特立独行的生活用品店。从外观你就很难错过这家店，大型的泡泡状装饰绝对激发你的好奇心。这里陈设世界各地设计师的心血设计。泡泡状装饰就是告诉你设计师们的灵感如何膨胀到发扬光大。它比 Second hotel 售卖的范围更广，从名片夹、鞋包类到洗浴用品、餐饰等等。

明星们的梦工厂

毫无疑问，狎鸥亭是韩国明星艺人们的梦工厂。

韩国最有名的明星事务所 SM 总部就设在这里，旗下的艺人包括当红的 Super junior、少女时代、宝

Star
在这里邂逅明星

儿等等。豪华保姆车随意停在街角，等候着它的明星主人。当然，你想自己做明星也可以，明星事务所有专门的面试选秀，也面向外国人开放。

狎鸥亭洞的许多店都是明星们的心水店。比如GANA 这家男装店，不要小看他的普通，它的回头客可有李俊基、赵寅成、苏志燮等大明星。狎鸥亭洞也是众多广告宣传片的背景地，数不清的影视 MV 都曾在此拍摄，光怪陆离的演艺圈明星也经常出没此地。

总之，这里是首尔的比弗利山庄，没什么好惊奇。

Tips

Galleria 百货商场
- 地址：江南区狎鸥亭 494 号
- 交通：地铁 3 号线狎鸥亭站 2 号出口或者 7 号线江南区政站 4 号出口
- 营业时间：10:30 ~ 20:00（周末 20:30）
- 电话：82-2-3449-4114
- 网站：www.galleria.co.kr

Café PASCUCCI
- 地址：江南区新沙洞 663-14 号
- 电话：82-2-3445-0372

T-odo
- 地址：江南区狎鸥亭 2 洞 663-15 号
- 电话：+82-2-512-4002
- 网站：www.t-odo.com/brand
- 营业时间：11:00 ~ 22:00

Papergarden
- 地址：江南区新沙洞 653-11 号
- 网站：www.papergarden.co.kr
- 营业时间：11:00 ~ 21:00

Second hotel
- 地址：江南区新沙洞 647 号（岛山公园附近）
- 电话：82-2-542-2229
- 交通：地铁 3 号线狎鸥亭站 2 号出口
- 营业时间：11:00 ~ 20:00（每周日休息）

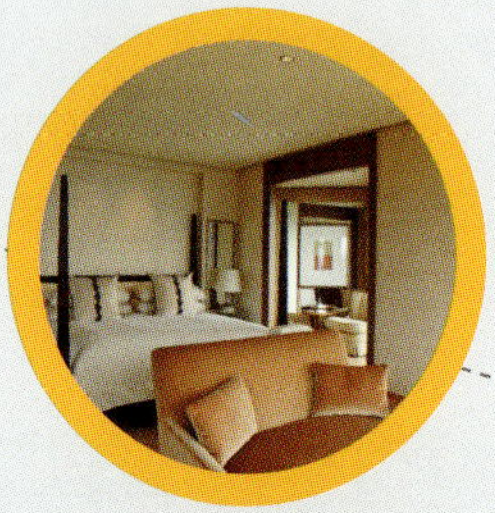

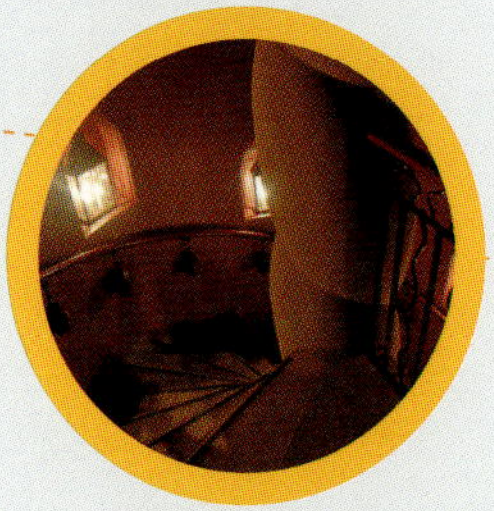

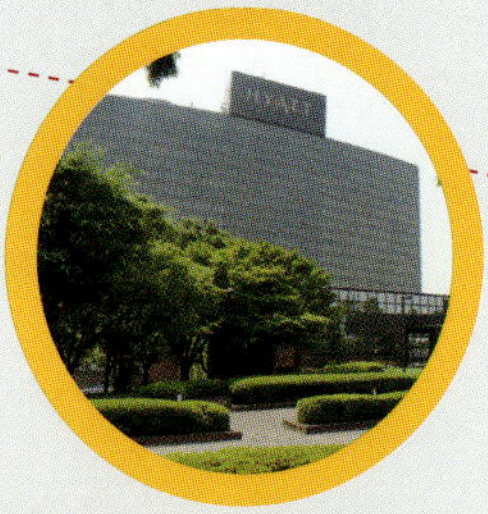

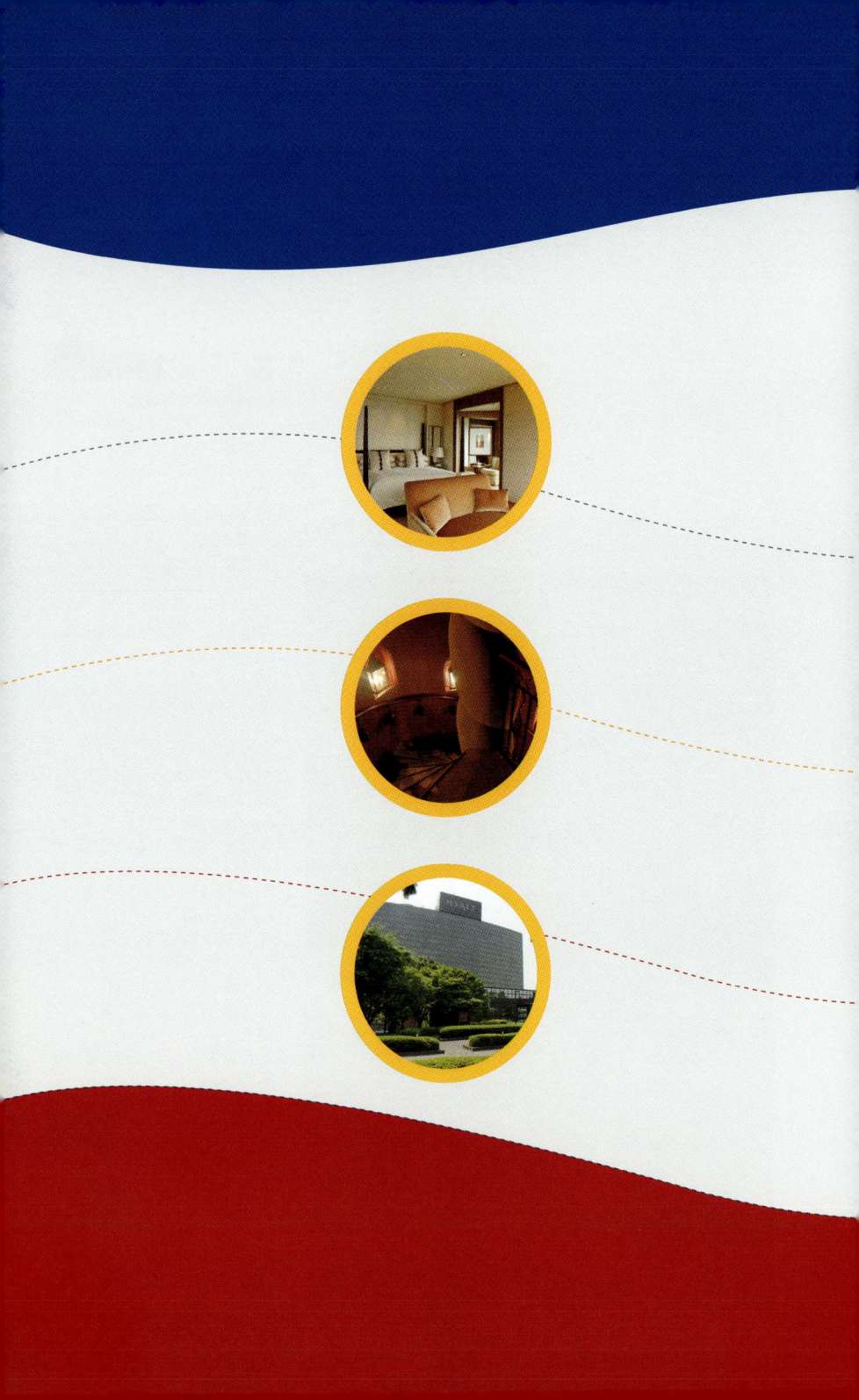

像韩剧一样
值得回味的酒店

品味一个酒店,就如同一场好的韩剧。

韩剧里的许多桥段都发生在酒店。或华丽或现代或拥有无敌风景,总是有情节有伏笔,细节处让人好生琢磨。

好的酒店更有着足够的气场和灵性。

当酒店成为邂逅的重要地点,你渴不渴望一场像韩剧里的不期而至的邂逅?

或许下一个拾到水晶鞋的,就是你。

华克山庄
情定大饭店

韩剧关键词》《情定大饭店》经典外景地。《男人的故事》等韩剧也在此取景。

众多韩国明星的婚礼在此举办。

首尔流行》在华克山庄求婚、结婚、度过结婚纪念日

"我可以 check in 了吗?"
"请问您要住多久?"
"永远。"

这是《情定大饭店》里东贤从美国回到饭店,和臻茵见面时的经典台词。

华克山庄现在已经成为热门结婚地以及度过纪念日的地方。

经典韩剧看似永远都不会落幕。

Hotel
像韩剧一样值得回味的酒店

Aston House——举办华克式婚礼的风水宝地

很多人不知道的是,《情定大饭店》里的一些角色就来源于华克山庄里真实的人物。

在近五十年历史的老牌饭店,有许多像臻茵那样热爱饭店的员工。让我感动的是,饭店里有一位超级热爱这部韩剧的大堂经理,对每个拍摄景点如数家珍,比导游还专业地带你"情定大饭店"一日游。

我们跟着他的指引来到 Aston House。位于历代君王福地峨嵯山之上,四周松林环绕,俯瞰汉江奔腾,堪称首尔最有其气场之地。夜晚时分六百多盏电灯灯火通明,从汉江对面的风纳土城上观望好似钻石般耀眼夺目,所以,在《情定大饭店》里亦被称作"钻石别墅"。

片中东贤每天风雨不改的晨跑路也位于附近。全程跑道形如韩半岛外貌,约 1.4 公里,可以用作野外慢跑跑道和散步路线。这一带是首尔有名的樱

Seoul
跟着韩剧游首尔

花观赏区，而到了秋天，满山枫叶同样吸引人。

　　Aston House 是由世界顶级酒店设计权威 Wilson&Associates 设计的大型宅邸。由于背靠峨嵯山，直面汉江，从风水上来说是极佳之地。上千万韩元一晚的高价仍然不妨碍韩星们"情定大饭店"。申恩庆、韩佳人等明星的新婚之夜都在这里度过；户外花园宴会场地是金喜善等众多明星举办"华克式婚礼"的地方。

　　走进两层楼高面积有一千四百多平方米的 Aston House，内饰为 17 世纪英国皇室风格，据说光是浴室里的大理石磁砖就超过一千万韩元，而来自英国进口的胡桃木床也要两千万韩元。

　　华克式婚礼、钻石别墅……对于更多普通人来说，这里接近于一个奢侈的梦想。

Hotel
像韩剧一样值得回味的酒店

Sirocco bar——韩国版"卡萨布兰卡"

看过《情定大饭店》的人一定记得那个昏黄灯光下的旋转楼梯。东贤几次在那里拉起臻茵的手。百转千回的情感,蔓延在百转千回的楼道里。

这幕场景就在华克山庄的"Sirocco bar"拍摄。Sirocco bar里最出彩的可说是这个逼仄而带有浓郁北非风情的旋转楼梯。酒吧里的每个物件都在温柔之中又显得强悍,就像东贤对臻茵的感情。以沙漠的土色为基调、温柔敦厚的圆弧状拱门、落地式的摩洛哥水烟烟具、黑色的钢琴……这里适宜上演韩国版电影《卡萨布兰卡》。

楼道玄关处每上几级楼梯就会有一个摩洛哥风灯指引着你,仿佛将要走进一千零一夜的世界。

韩剧《男人的故事》大部分场景拍摄于此——而那应该是一千零一夜故事中的另一个吧?

Tips

- 地址:广津区广壮洞21号
- 电话:+82-2-455-5000
- 网站:http://www.sheratonwalkerhill.co.kr
- 交通:搭乘地铁2号线至江边站从1号出口出,在"Technomart"对面乘坐酒店班车;搭乘5号线至广渡口站(Gwangnaru)从2号出口出来,在马路对面乘坐酒店班车

芭比娃娃套房
华克山庄在韩国首次推出了童话般的芭比世界——"芭比娃娃"客房,以粉色为主色调的芭比娃娃客房,从墙纸到陈列的所有家具和沐浴用品都是芭比娃娃的专用产品。

华克山庄冬日滑冰场
面积1800平方米,最多可以容纳五百多人的大型滑冰场。在此除了享受滑冰的乐趣外,还可以租用场地举办求婚仪式等活动。

Seoul
跟着韩剧游首尔

凯悦酒店
"巴黎恋人"的玻璃之城

韩剧关键词》《巴黎恋人》主要外景地。毫无预兆的定情之吻、让人感动的自弹自唱、隆重的订婚典礼、泳池上的英雄救美等场面均在拍摄。
《花样男子》中男女主人公滑冰的场面、泳池派对等场面，均在此拍摄。

首尔流行》 吃一顿"巴黎恋人"套餐 相约能看到首尔全景的溜冰场

《花样男子》里溜冰场里的一幕：

"这里好美啊，美得像童话一样。"女主角看着周围火树银花的场景赞叹地说。

"你是卖火柴的小女孩吗？"男主角似乎由"童话"联想到什么，"这么冷为什么不戴手套啊？"

顺势将女主角的手放在自己口袋里，"改天我们

Hotel
像韩剧一样值得回味的酒店

"一起去吧！"

"去哪里？"女主角不解地问。

"去香榭丽舍！"

这个美得像童话一样并让男主角联想到法国香榭丽舍的地方就是首尔凯悦酒店。

与巴黎情缘无缝连接

从远处看，凯悦酒店就是一座大大的玻璃幕墙。全体通透，在阳光下发出微蓝的光。

这个在首尔很容易目之所及的"玻璃之城"，就像是一面镜子，折射出首尔浪漫而清澈的心。《巴黎恋人》中的男女主角在这里再续巴黎情缘。有趣的是，

Seoul
跟着韩剧游首尔

现实中男女主角的扮演者的婚礼都在此举行。

虽然位处山坡之上让酒店显得"高不可攀",但这里发生的爱情没有"高不可攀",《巴黎恋人》中那个大厅里久久地拥吻证实了爱情可以使人麻雀变凤凰。

真感谢建筑设计师John Modord,设计出如此迷人的玻璃之城。

大厅里金黄与墨绿的色调,泛着古典油画般的光芒。设计师特别迷恋植物,所以大厅的天花板包括Spa背景墙都是以绿色为主题。而摆放植物的花盆,每件都由挑剔的设计师亲自挑选。这里的画像、雕塑、吊灯以及各种造型的装饰品等,都让你恍若行走在欧洲宫殿。

华丽的背后,没有拒人千里的奢华,而是温暖的美梦。走进Loung区,超大的玻璃窗让你不期然地与首尔的全景撞个满怀。傍晚时分首尔的全城灯火点亮,这里的景色无与伦比。惊喜与赞叹溢于言表,坐下喝一杯咖啡,看首尔的繁华在眼底如此流光溢彩。

Hotel
像韩剧一样值得回味的酒店

Seoul
跟着韩剧游首尔

这里理所应当是约会的首选地。

童话溜冰场——首尔女生最想得到求婚的地方

在繁华市区，一座度假式的酒店显得如此难能可贵。幸好首尔是座山城，寸土寸金之地，没有足够施展的宽度，还有高度。走进凯悦酒店的户外花园泳池，其高度上的气魄与视野都让你不由自主地发出：Wow！

你可以畅快地呼吸南山清澈的空气，更可一窥这个繁华城市的心脏。《巴黎恋人》里一经典场面，是女主角假装不会游泳而落水，逼男主角表达真心，即在这里拍摄。躺在度假式的太阳伞下，看汉江两岸如积木般的楼房高低不齐地起伏着，更有种享乐城市之巅的快感。游泳池旁可举行烧烤晚会，这也是《花样男子》里拍摄派对场景的地方。到了冬天，露天泳池变身童话溜冰场，加上7万盏灯打造出的火树银花，怎能不让人幻想冰上王子以优雅的动作下跪求婚的场面？

溜冰场上的蓝红灯光交汇闪耀，周围还布满了

Hotel
像韩剧一样值得回味的酒店

圣诞树灯,音乐都仿佛专为情侣制造,而背景是首尔的万家灯火,怎么不让人心甘情愿地说出"我愿意"!

千金难买"巴黎恋人"套餐

如果你想找一间能以最佳角度看南山首尔塔的房间,那来凯悦酒店就对了。

而如果想吃一顿千金难买的"巴黎恋人"套餐,就更要来这里了。

Paris Grill 餐厅是以法国菜为主的米其林五星级餐厅。而与其相邻的 Paris bar 酒吧就是朴信阳因自弹自唱"我可以爱你吗"一曲成名的地方。Paris Grill 餐厅的烤牛排和羊排很有名,红肉配红酒,相应的红酒也十分出色。一杯产自阿根廷的红酒约 30000 韩元。

由于"巴黎恋人"的盛名在外,这里也是著名的求婚地点。你可从天花板上的心形装饰看出餐厅的良苦用心。餐厅更可以帮助你完成这一重要人生大事,比如将婚戒放在点心上,用银器盖住呈送至女主角面前,就等着看她揭开盖子的那一刹那表情吧!

Tips
地址:首尔市龙山区汉南2洞 747-7 号
电话:+82-2-797-1234
网站:http://www.grandhyattseoul.co.kr
交通:搭乘从仁川国际机场到凯悦大酒店(Grand Hyatt Hotel)的机场巴士,运行时间是从上午 5 点 45 分到下午 6 点 35 分,发车间隔 20～30 分钟。梨泰院 Hamilton 大酒店和明洞 Migliore 购物城门口都有免费接送巴士

Paris Grill 餐厅
用餐时间:中午 12:00～14:30,晚上 18:00～22:00
预约电话:+82-2-799-8163

冬季溜冰场票价
周一至周四:18000 韩元 /2 小时 周末:22000 韩元 /2 小时(每超过 30 分钟,追加 5000 韩元)
冰鞋租用费 14000 韩元
温馨提示:周一情侣入场门票半价,周三情侣入场赠送巧克力

Seoul
跟着韩剧游首尔

乐天饭店
哪里有灰姑娘的水晶鞋？

韩剧关键词》《我的女孩》中男主角薛功灿经营的饭店
　　　　　《辛德瑞拉先生》（又名《男版灰姑娘》）中的索菲亚公司
首尔流行》法式创意菜 Hip Hop 风格的酒吧

　　《我的女孩》与《辛德瑞拉先生》，一个是讲灰姑娘的故事，而另一个是讲"男版灰姑娘"的故事。

　　《我的女孩》中男主人公的背景是首尔高级饭店——"罗宾逊"饭店的社长，《辛德瑞拉先生》里的男版灰姑娘的故事则发生在首尔最大的服装公司——"索菲亚"公司。

　　两部片子的异曲同工之处还在于，"罗宾逊"饭店实际拍摄于蚕室的乐天饭店，"索菲亚"公司实际拍摄于明洞乐天饭店。

　　So，你也可以怀揣着灰姑娘的梦想来乐天饭店。这里能仰望南山也能俯瞰明洞，这里有米其林 3 星级厨师，这里有 rain 等明星时常光顾的酒吧……

　　这里或许就藏着属于你的水晶鞋！

Hotel
像韩剧一样值得回味的酒店

水晶鞋藏身地之一：
明洞乐天饭店 35 层

《辛德瑞拉先生》的第 11 集一开场，男主角宋昌义从紫色通道中走出，傲慢而优雅地走进一法式餐厅。在水晶灯下，在馨香红酒的摇曳中，他的"兄弟"和情敌——权相宇也出场了……

没错，王子们的出场都是如此华丽。

而能遇见王子的地方就是 Pierre Gagnaire à Séoul。

这个餐厅的名字有些拗口。你只须知道，餐厅前面两个法语单词就是餐厅厨师长的名字——皮尔·嘎尼尔，他也是餐厅的主人。这是全球在"皮尔·嘎尼尔"名号下的第四家餐厅，前三家分别位于巴黎、东京和香港。皮尔的最新动态是在迪拜开设了其第六间同名餐厅。大师以非常个人化的创意菜著称，被许多厨师们视为精神领袖，被称为"全世界最有创意的厨师"。

169

Seoul
跟着韩剧游首尔

　　红酒也是这里的一大特色。连接包厢之间的紫色通道走廊两边是占满整面墙的红酒柜。包括在韩国市面上无法找到的 130 种红酒在内，共有二百七十多种红酒可供选择。

　　餐厅的照明别具一格。这里的光线永远那么柔和，柔和之中还带一丝淡淡的暖。墙纸是笔触流畅的涂鸦画；天顶吊灯是老板花了 40 万韩元的大价钱买来的，银制器皿是老板从法国空运过来的。而大大的窗户将远处的南山和首尔塔变成了镶在墙上的一幅画。

　　能在觥筹交错中看见风景的还有 Pierre's bar。这里的 DJ 与 Rain、宋承宪等众多明星都有合影，一面墙上全是 DJ 与明星们的照片。酒吧内延续着紫红色调，其中大量摆放红色长沙发，不仅醒目也突出酒吧的 Hip Hop 新式风格。这里还有伏特吧、香槟吧、女士小包厢，在三大主题不同风格的空间，你一定

Hotel
像韩剧一样值得回味的酒店

Seoul
跟着韩剧游首尔

能找到属于你的味道和位置。

最后提醒一句,在电梯侧有一很小的甬道,有专为观景设计的圆形窗户,还摆放有紫色天鹅绒座椅——不花一分钱也能一窥南山美景哦!

水晶鞋藏身地之二:
华丽的电梯

走进蚕室的乐天饭店大堂,两部并列的透明观光电梯非常醒目。电梯的周边镶有灯饰,整个电梯就像发光的水晶球。

灰姑娘的水晶鞋,会是在那里吗?

韩剧擅长在电梯开合间表达主角们的情绪。《我

172

Hotel
像韩剧一样值得回味的酒店

的女孩》当中,男主角薛功灿导演了一场将自己心爱的女友拱手相送给情敌的戏。送至电梯处,谎称自己有事,然后女友上去,发现等待她的是另一个人。女主角的憧憬与男主角的纠结在红色电梯门关闭的刹那间表露无遗。

这样的情绪表达还有很多。在明洞乐天饭店的电梯,《辛德瑞拉先生》中多幕电梯剧也非常有看点。

不得不说,乐天饭店的电梯真的"很韩剧"。就像很多"韩国制造"一样,这样的电梯融合了东方式柔美细腻的特点,并且照顾到客人的内心世界。

电梯门的外观是渐变的红色,上面还描绘着韩国传统花卉图案。走进电梯,奢华的红色调铺陈其间。抬头一看,穹顶也堪称艺术品!球形蓝色花卉灯饰续写着气派和温馨。

在电梯这样狭小的空间也有如此的大手笔,是该有"韩剧"上演了!

Tips

蚕室乐天饭店
- 地址:松坡区蚕室本洞40-1号
- 电话:+82-2-419-7000
- 网站:http://www.lottehotel.com
- 交通:地铁2号线蚕室站3号出口

提示:在《我的女孩》中,徐正雨用餐的意大利餐厅 Peninsula 以及三人常去的酒吧 Mega CC 都位于蚕室的乐天饭店内。

明洞乐天饭店
- 地址:中区小公洞1号
- 电话:+82-2-771-1000～1
- 交通:地铁2号线乙支路入口站8号出口
- 网站:http://www.lottehotel.com

Pierre Gagnaire à Séoul 法式餐厅
- 营业时间:周一至周五 12:00～15:00 18:00～22:00 周六 18:00～22:00 (周日及公休日休息)
- 电话:82-2-317-7181～2(请提前预约)

Seoul 跟着韩剧游首尔

美食
Part 1 韩定食高级料理

宫廷饮食研究院

真正世袭朝鲜王朝的"宫廷御膳",只有在宫廷饮食研究院才可以品尝得到。宫廷饮食研究院的负责人黄慧性女士是第二代正统宫廷料理传承人,她的手艺由第一代传承人韩熙顺尚宫亲自传授。已故的韩熙顺尚宫是宫廷御膳师,曾侍奉过朝鲜王朝末期高宗及顺宗两位国王,也是第一代非物质文化遗产传承人,黄慧性女士是第二代传承人。

这里是韩国正宗的"宫廷御膳"唯一的保存之地。
地址:钟路区苑西洞34号
咨询电话:+82-2-3673-1122
交通:地铁3号线安国站2号出口

龙水山

龙水山是知名的高级韩式定食连锁餐厅。店内专卖高丽时代首都开城的料理,以开城南侧名山命名。这里的代表料理有由17种料理组合而成的石河山定食,在所有的套餐中,都包括了粥和汤泡菜、开城野菜和绿豆凉拌菜、五色凉拌菜、苏子油凉拌生菜叶、开城包猪肉、煎油花和凉拌菜,而饭后点心则按照季节不同分别提供开城甜瓜、糕、应季水果等。龙水山现在在首尔市内已有7家分店,并已进军美国拉斯维加斯州。
三清洞分店电话:
+82-2-7399-5599
清潭洞分店电话:
+82-2-546-0647
网址:
http://www.yongsusan.co.kr

宫宴餐厅

位于北村韩屋村的嘉会洞,是宫廷菜技传承人——韩福丽女士亲自经营的宫廷菜专门餐厅。按照宫殿的原始记录,将宫殿宴会中向朝鲜王呈献的菜肴,进行现代化加工,提供给顾客。春夏秋冬,不同季节的菜肴都不一样。
地址:钟路区嘉会洞170-3号
电话:+82-2-3673-1104~5
交通:乘坐地铁3号线,在安国站下车从2号出口出来,步行5分钟即至
宫廷套菜(必须预定)
宫宴水刺餐:28000韩元
宫宴正餐:48000韩元

长今晚餐:72000韩元
进贡晚餐:86000韩元
网址:www.goongyeon.com

多情

首尔式韩定食最近成为了潮流。

"多情"是首尔式韩定食的代表餐厅之一。社长崔基贞曾在宫廷饮食研究院研习。首尔式韩定食以传统宫廷料理为基础,饮食和碗碟的整体颜色是白色调,并且加入较少辣椒粉。
地址:江南区论岘第一洞198-15号
联系电话:+82-2-544-6989
价格:中餐15000~45000韩元,晚餐20000~45000韩元
交通:乘地铁9号线在新论岘站下车,从3号出口出来后右转,位于清潭巷旁边

JIHWAJA

JIHWAJA是朝鲜王朝宫廷料理指定传承人黄慧性女士及其长女韩福丽女士一起经营的高级韩式定食餐厅。本店在国立剧场内,分店位于三清洞。宫中定食价格约为99000韩元。
三清洞分店电话:
+82-2-733-5834
网址:
http://www.jihwajafood.co.kr

Basic Seoul
一站式玩转首尔!

Seoul 跟着韩剧游首尔

Part 2 地道国民料理

土俗村

首尔最富盛名的参鸡汤料理店。

韩国讲究夏季热补。鸡肉因为可以补充肝的阳气，因此在夏季人阳气不足时服用效果最佳。人参是参鸡汤中不可或缺的原材料之一，自古便因其具有补脾和健脾的功效而成为广为人知的名药，特别是对脾胃不好、消化功能不好的人们来说尤其有益，因为鸡肉的热量极低，参鸡汤的做法又较为天然，使得汤清再无油，非常健康。

这家料理店的特点在于参鸡汤肉汤中放入了三十多种韩药材，十分滋补，价格在13000韩元左右。这家店还是前总统卢武铉的最爱。此外，由于位于景福宫附近，地理位置很好，土俗村门口常常排着很长的队，需要早点去占位。

地址：首尔市钟路区体府洞85-1号
交通：地铁3号线景福宫站2号出口，沿地下通道向洗剑亭方向右转后直走150米
联系电话：82-2-737-7444
营业时间：10:00～22:00
参鸡汤约13000元/碗（约合人民币71元）

乡鸡苑

有人把这家店称为韩国最棒的土产参鸡汤料理店。

这家店的鸡是用绝不含抗生素的特殊饲料和豆子、小麦、黍子等混合物喂养的。参鸡汤一般煮一个小时左右，因为肉质较硬，煮到这种程度，肉才会变软。这里的鸡肉肉质清淡且富有韧性，你可从其红色的肉质看出其确实是土产鸡。

土产参鸡汤约25000韩元一碗，可谓价廉物美。

就餐采用预约制，没有预约的话等待时间很长。
地址：江南区论岘第二洞99-7号
联系电话：82-2-3445-9902
交通：地铁7号线江南区厅站4号出口出，往明洞高中方向，经过正门后，在鹤洞十字路口向江南区厅方向右转行走40米，在第一个十字路口右转行走30米，即可见乡鸡苑的牌子

古宫

拌饭是韩国一大国民料理。

全罗北道全州的拌饭最有名。1971年著名餐厅"古宫"在全州开张；1999年在明洞开设了分店。

一般将事先准备好的黄瓜丝、胡萝卜丝、鸡蛋丝、炒肉丝、黄豆芽、蕨菜等放在米饭上，加入辣椒酱或酱油、香油，拌着吃。拌饭色彩鲜艳，营养丰富，其中"石锅拌饭"更具特色。由于石锅滚烫，在把各种材料拌匀的时候，相当于对其进行加热。而且锅底会留下一层锅巴，又香又脆，还可以加水现做成锅巴汤。

交通：地铁4号线明洞站10号出口
菜品：全州拌饭10000韩元，石锅拌饭8000韩元，章

Basic Seoul
一站式玩转首尔！

鱼拌饭 8000 韩元，古宫杂菜 13000 韩元。
营业时间：11:00 ~ 22:00
电话：+82-2-776-3211(韩)

全州中央会馆

餐厅使用最上乘的食材，与各种野菜、富有营养的银杏、松子、板栗、紫菜等三十多种材料，并有着自己的独门酱料。全州中央会馆已经在海内外获得了二十多项表彰奖，其中包括了 2000 年荣获的韩国文化观光部长官奖的最高荣誉，以及十多项首尔市长奖。中央会馆的工作人员还曾受到日本方面的邀请，进行日本全国访问，向日本的饮食业界传授制作要领。

特色菜单：全州石锅拌饭 9000 韩元；人参参鸡汤 12000 韩元；海鲜葱饼 13000 韩元

明洞总店地址：首尔中区忠武路1街24-11号
电话：82-2-776-3525
网址：http://www.jeonjoo.co.kr

"678" 烤肉店

如果你看过"情书"、"X-Man"等韩国综艺节目，那你一定会对以"吃肉"为嗜好的主持人姜虎东不陌生，而姜虎东在江南区新沙洞开的名为"678"的烤肉店，吸引了许多演艺界朋友。李孝利、张东健、金健模、金钟国等人经常来此捧场。一到星期五晚上，电视公司制作人、经纪人及艺人等演艺圈相关人士也经常到店里聚会、喝酒聊天。

这里的主打菜品有里脊肉、花里脊肉、五花肉及脖子肉，都是未经冷冻的新鲜肉品，十分新鲜。

交通：地铁3号线狎鸥亭站2号出口，徒步12分钟即至

人气餐点：猪肉 9000 ~ 19000 韩元 牛肉 19000 ~ 39000 韩元

联系电话：82-2-540-6678

"BoB" 的温暖牌套餐

就像母亲为女儿准备饭菜一样，这家料理店走的就是温馨家庭路线。店主的女儿就是梨大的毕业生，这家店正位于梨大正门附近，所以也吸引了很多梨大的学生。

菜品主要包括套餐（传统菜）、拌饭、绿豆饼等。其中，最受学生欢迎的套餐提供大酱汤和辣豆腐汤两种选择，并有拌南瓜、炒小鱼等9种爽口小菜。

餐厅用料随季节变化不同，提供的小菜也每日都有变化。这里吃饭有种家庭旅馆式的温暖，想品尝物美价廉的韩国家常菜，这家是个不错的选择。

营业时间：11:00 ~ 21:00
电话：+82-2-393-3964
菜品：套餐（辣豆腐汤 / 大酱汤）5500 韩元，拌饭 5500 韩元，绿豆饼 6000 韩元

Seoul
跟着韩剧游首尔

麻浦烤肉街

这里是地道的烤肉街。集中了三十多家烤肉店。这里的烤肉用料考究,来这里人均花费约 30000 韩元以上,但绝对物超所值。

这里的店一般不用瓦斯炉烤,而是用石头碳炉,这种传统的烤肉方式更加保证了肉质的新鲜。

交通:地铁 5 号线麻浦站 1 号出口

八色五花肉

这个餐厅是《妻子的诱惑》、《可可岛的秘密》等韩剧的外景地。

八色五花肉专用酱是在电影《王的男人》、韩剧《食客》中担任饮食指导的"饮食文化学术研究院"金守珍院长的帮助下研制的。

在这里你能吃到 8 种风味的烤五花肉,同时餐厅还提供 7 种特制烤肉酱——香草、葡萄酒、咖喱、大酱、辣椒酱、人参、松叶等。

这里可以用中文点餐。如果量不够的话还可以追加。8 种烤五花肉中,葡萄酒口味和香草口味这两种最有人气。用

来包肉吃的各种蔬菜无限量供应。

地址:麻浦区老姑山洞 107-111 号美华大厦

价格:八色五花肉 30000 韩元 / 份 水冷面 4000 韩元 / 份 咚咚酒 5000 韩元 / 瓶

交通:地铁 2 号线新村站 6 号出口出来后,穿过 7-eleven 便利店前的人行道,沿西江大学方向直行 100 米左右。位于右边的起亚汽车大厦的地下一层

电话:+82-2-719-4848

营业时间:11:00 ~ 23:00(公休日不营业)

兄弟烤牛肉

在 KBS 电视剧《不能结婚的男人》中,这家餐厅是城市单身男们的最爱。

这是一家连锁饭店,在全韩国开设了 14 家分店。

经营星期五餐厅(T.G.I.Fridays)的美食专家为了向全世界大力宣传韩餐,于 2006 年新开业了这家餐厅。在这里你可以品尝到首尔特色烤牛肉和调味排骨,还能品尝到三色葱饼、海鲜宫廷馒头等韩国传统料理,小吃玉米、地瓜、土豆和色拉也是这家的一大特色。

地址:麻浦区西桥洞 374-623 号(西桥店)

交通:地铁 2 号线合井站 2 号出口出来后,往弘大方向步行 5 分钟左右即至

电话:+82-2-335-7241 ~ 3

营业时间:11:00 ~ 22:00(新年中秋不营业)

推荐菜单:

调味排骨(Marinated Short Ribs):24900 韩元(400g),

无骨小排骨(Boneless Short Ribs):34900 韩元(200g),

调味鲜牛肉(Un-Yang Style Bulgogi):19800 韩元(200g),

首尔特色烤牛肉(Seoul Style Bulgogi):16900 韩元(350g)

Basic Seoul
一站式玩转首尔！

咸兴冷面

韩国冷面可分为"水冷面"和"拌冷面"两种。

水冷面也被称为平壤冷面，面汤是牛肉、鸡肉或野鸡肉熬成的肉汤或萝卜泡菜的汤水，经冷却后浇在面上，面条上面还要加上肉片、黄瓜丝、熟鸡蛋、梨丝或萝卜丝等。吃的时候可以按个人的喜好加适量的芥末和醋。

拌冷面又被称为咸兴冷面，咸兴道地区多产土豆，咸兴冷面就是用土豆淀粉做的，面条比较有嚼劲。面条里一般加入新鲜的鲽鱼和斑鳐鱼片和辣椒酱，拌着吃。

明洞咸兴面屋已有四十多年历史。餐厅用购入的原料直接榨取香油，制作辣椒酱，使咸兴冷面的调料更加可口。筋道的冷面、香辣爽口的辣椒酱调料、可口的肉汤是其制胜法宝。

地址：中区明洞2街26-1号
电话：82-2-776-8430
营业时间：10:00 ～ 22:00，元旦、春节、中秋节休息
交通：地铁4号线明洞站8号出口下车后，往UTooZone后门徒步5分钟即可

32 Parfait（软冰淇淋）明洞店

32 Parfait是明洞的特色名店。

到了冬天也会有很多人排起长队前来购买。这里的冰淇淋以32厘米超长而著称，比一般的冰淇淋长3倍。这里的价格也很亲民，在1000至1500韩元左右。绝对能让你吃到饱哦。

地址：首尔市中区忠武路1街22-9号
电话：82-2-756-5343
交通：由地铁4号线明洞站6号出口出来，沿大路直行就到

大酱的艺术

最平民的韩国料理——大酱汤，也能成为"艺术"，并且具备健康及美体效果。

大酱是将黄豆煮过后，制成厚厚的方形豆酱饼，使之干燥并发酵后制成的。熟成后被制成的液体为酱油，固体则为大酱。此店的大酱拌饭采用韩国最好的黄豆制成的大酱为材料，加上饭上面的韭菜和卷心菜，与炒海蜇、小萝卜泡菜、酱肉等小菜相互搭配。

食用方法是在放有韭菜和卷心菜的饭上放上一两匙的大酱汤，适度搅拌后即可食用。

这家店位于仁寺洞的胡同里，味美价廉，有许多回头客。

电话：+82-2-739-5683
价格：约6000韩元/人
交通：地铁3号线安国站出

179

Part 3 特色料理

画廊旁胡同

山村

"山村"是韩国特色寺庙料理店。

《纽约时代报》里如此报道：韩国寺院料理温暖你的身体，抚慰你的灵魂。

这家店藏在仁寺洞的胡同里，七拐八拐才能找到，进去需要脱鞋。料理店主人为僧侣出身的寺院饮食研究家，寺院饮食讲究最大限度地减少调料用量、摄取天然元素，所以营养成分的吸收率也很高。

鼓舞、扇子舞等传统表演是这家店的特色，表演从晚上8点开始。

地址：钟路区宽勋洞14-0号
电话：82-2-735-0312
营业时间：11:30 ~ 22:00
价格：山村午餐定食22000韩元，晚餐39600韩元
交通：地铁3号线安国站6号出口，从仁寺洞十字路口向安国洞方向走10米左右，世宗

Dimibang

咸草拌饭和咸草粥，你一定没吃过。这是带有韩国特色的健康素食料理，药草瘦身又健身。Dimibang是韩国古语，指从前国王用餐的地方。

咸草是指生长在泥沼和盐田周围，以盐分为主要养料的植物。咸草味道里带点苦，含有丰富的纤维质与矿物元素，有助于瘦身健体。餐厅使用咸草代替酱油，小菜的味道也用咸草来调。除咸草外，餐厅还使用其他多种药草；用多种药材浸泡的酒也是非常有益健康的。

交通：地铁3号线安国站6号出口
电话：+82-2-720-2417
菜品：药草套餐20000韩元、咸草拌饭6000韩元、咸草粥6000韩元
营业时间：12:00 ~ 21:00（每周日休息）

明洞部队锅

由于战争时期，资源匮乏，百姓定期向美军领取罐头、火腿、芝士等西洋食品，他们还将这些西洋食品加入到泡菜锅当中一起食用。这道料理后来演变成了"部队锅"。

除了以上作料，还会加入通心粉、乌冬面、泡面、年糕等面食。部队锅是一种浓汤火锅，比较辛辣，但却是让人意想不到的美味。

地址：中区明洞1街54-7号
电话：82-2-752-6800
营业时间：10:30 ~ 22:30
价格：约4000韩元/人

Basic Seoul
一站式玩转首尔!

Seoul
跟着韩剧游首尔

交通
Part 1 从中国到首尔的必经之地
——仁川国际机场

仁川国际机场可是众多韩剧的拍摄地哦！

《我的女孩》、《老天爷啊！给我爱》等众多知名韩剧都曾在此拍摄。还有为仁川国际机场6周年特别制作的一部电视剧《天空之城》，呈现了仁川国际机场鲜为人知的面貌以及内部员工工作情况，还采用了热门的季度式拍摄，目前已经播出了第一季。

搭乘机场巴士可来回于仁川机场和首尔市区之间。从机场大厦1楼的2、4、9、13号出口有交通指南柜台，可在那里咨询和买票，也有中文服务。

便利设施

免税店：乐天免税店、AK免税店、新罗免税店

百货店、专卖店：爱敬百货店、新世界百货店、Family Mart、新世界食品、THE FACE SHOP、MISSHA、EXR、Harley-davidson、POLHAM、农协HANARO、佐丹奴、正官庄等

便利店／书店：Ministop、GS Books

礼物／纪念品：SULA、新世界纪念品、新机场眼镜店、韩国风物市场等

咨询电话：(ARS) 1577-2600
网址：www.iiac.co.kr

机场中转不无聊，免费体验韩国传统文化

在机场中转您也不会觉得无聊。在待机时间里，可以免费体验韩国传统文化。

体验场所就在位于机场三楼的传统文化体验馆，只要您是要出境的外国乘客都可以前往。从早上7:00到晚上22:00点期间导游小姐会为您提供热情亲切的英语、汉语翻译服务。

工艺体验有两部分，讲解时间在30分钟以内。您可以在此学习利用传统韩纸粘贴制作宝石盒、学习用针线缝制衣服或首饰的传统针法技巧等；您可以选择自己喜欢的活动；您还可以带走亲自制作的作品。

地点：办完出国审查手续后，在出境场的东边和西边各有一个传统文化体验馆：

（东边）3层出境场内Gate 24往前走5米的Fizz and Jazz商店旁边位置

（西边）3层出境场内Gate 40往前走5米Nescafe咖啡厅对面位置

开放时间：7:00 ~ 22:00
咨询：+82-32-741-3215（英、日、中）
网址：http://www.kous.or.kr/kous
艺术公演：1天2次

Basic Seoul
一站式玩转首尔！

Part 2 最便捷的交通工具——地铁

首尔有9条地铁。对我们中国游客而言，最大的便利是每个站点都有中文标识，9条地铁对应9种颜色，也十分容易辨认。如果你想同站换乘的话，只要跟着墙壁标识的颜色一直走，就能走到你想换乘的站台。首尔地铁的运行时间大致为凌晨5点至夜间1点。首尔的地铁票价比较便宜，在1000～1800韩元左右。

详情见网站：http://www.seoulmetro.co.kr/chn（中文）

T-Money 卡

T-Money 卡最大的优点就是携带方便，还可以享受换乘优惠。

如果在首尔市内旅游且利用大众交通工具，那使用

T-Money 卡是最方便且经济实惠的。

T-Money 卡的换乘优惠只能在巴士与地铁、地铁与巴士、巴士与巴士之间使用，地铁换乘地铁的时候不能使用。换乘的时间在30分钟之内有效。

在购买时，T-Money 卡里面储存的金额为零。所以在购买卡的同时，另外要提前充值预存交通费。卡内一次可以充值1000～90000韩元。对于旅行者而言，最方便的是购买普及型 T-Money 卡（购卡价格2500韩元）。这个卡在 T-Money 卡中是价格最优惠的，而且不论谁都可以使用此卡。此卡在 T-Money 卡标牌的交通站点、地铁站的售票处、便利店 GS25、Family mart 都可以购买。最好是在购买的地方充值。

退卡：卡内余额不足20000万韩元时，可在便利店，充值所当场退还，但卡内的余额超过20000韩元时就要亲自到韩国 Smart card 总公司申请退卡。

韩国 Smart Card 顾客中心
联系电话：+82-1644-0088、+82-080-389-0088
地址：地铁4号线首尔站10号出口首尔城市大厦5楼

Part 3 专为游客准备的交通卡——首尔游一卡通（SEOUL CITYPASS）

您若拿到首尔一卡通，不分距离和交通工具，可自由搭乘首都地区的地铁和首尔市公共汽车，1日限乘20次。不仅如此，您还可无限次地搭乘首尔城市观光巴士的故宫路线及城市循环路线。

价格：1日券15000韩元、2日券25000韩元、3日券35000韩元

首尔城市观光巴士（城市循环/故宫路线）：不限次数乘坐

巴士/地铁：1日券限乘20次、2日券总共限乘40次、3日券总共限乘60次

SEOUL CITYPASS PLUS

别小看这样一张芯片卡，"盛"有最美的风光、最地道的本城料理、最丰厚的文化大餐、最新潮的本地时尚、最尽兴的夜生活……

按"卡"索骥，就将整个城市轻松装进你的口袋，这就是 SEOUL CITYPASS PLUS 卡。

此卡是在 SEOUL CITYPASS 卡的基础上，将交通卡功能进一步扩展，使游客持此卡，可轻松游遍首尔。

此卡可在便利店结账，同时还涵盖了文化、旅游、美食、美容等六十多家机构和店铺的打折优惠。比如，搭乘汉江游览船可享受20%的优惠；购买63大厦的展望台门票可享受15%的优惠；观看乱打演出享受20%的优惠；参观首

Seoul 跟着韩剧游首尔

尔市内美术馆免费。

价格：3000韩元／张，个人根据自己需要进行充值

销售处：贴有T money标志的GS 25、Family Mart、MINI-STOP、BUY THE WAY等韩国便利店及首尔宣传馆，光化门、东大门、黎泰院、金浦机场、三一桥、南大门、弘大旅游咨询处。

充值处：贴有T money标志的GS 25、Family Mart、MINI-STOP、BUY THE WAY等韩国各大便利店

Part 4 首尔的城市新名片——"獬豸"出租车

纽约有"黄色出租车"，伦敦有"黑色出租车"，首尔就有"HAECHI（獬豸）"出租车。獬豸是首尔的形象，而"獬豸"出租车将成为首尔的城市新名片。"獬豸"出租车在外观设计上集首尔的象征、色彩、字体等所有要素于一体，将逐步统一出租车为印有獬豸图案的土黄色的出租车，而模范出租车的颜色还是保持黑色。

韩国的出租汽车分为大型出租汽车、模范出租汽车（黑色）和一般出租汽车三种。一般出租汽车在2公里内基本费用为2400韩元，每144米或35秒增加100韩元；大型出租汽车和模范出租汽车费用一样，在3公里内基本费用为4500韩元，每164米或39秒增加200韩元。模范出租车可以用信用卡付费。

可乘坐8位乘客的大型出租汽车，为方便乘客，里面设有电话叫车系统、同声翻译系统和收条发行机。由于精通外语的司机甚少，因此上车前不妨出示韩文地图，或以中文书写目的地。在市区欲搭乘出租车可利用搭有黄色棚盖的出租汽车专用车站候车。如想乘坐大型出租汽车，可拨打电话02-992-7000 或 02-888-2000告诉出发点和目的地即可。

小贴士：韩国的电子系统非常发达。在司机不知地址的情况下，你可将你的酒店号码写给司机，他将号码输入导航仪，就可找到地址了。

Part 5 带你玩转首尔的"红、黄、蓝、绿"公共汽车

在首尔，因为有公交车专用快速车道，乘坐公共汽车可能比坐出租车还快。为了解决首尔市以前那种固有的交通体制与其复杂的交通环境问题，首尔市政府从2004年7月开始，大规模整顿并实施规划新的公共汽车交通路线。

首尔市政府重新规划了首尔市内4种公共汽车的颜色和编号，另外又推出了公共汽车路线图与时间表等服务。这项服务的实施，不仅方便了首尔市民，同时也方便了来首尔旅游的外国游客。

干线公共汽车（蓝色）
特点：编号由3位数组成，在首尔市内长距离运行的蓝色公车。

干线公车将首尔市中心与首尔市郊等区域连接起来。

支线公共汽车（绿色）
特点：支线公车和地铁之间可以换乘使用。

支线公车有效解决了区域内的交通需求。

循环公共汽车（黄色）
特点：编号由2位数字组成（区域号与路线号连接起来的2个数字）。

是运行在市中心与郊区间的短距离公共汽车。

广域公共汽车（红色）
特点：编号由4位数组成的编码（区域号与出发地点、路线编号连接起来的4个数字），广域公车以快捷的运行方式往返于首尔市中心和周边其他城市之间。

Basic Seoul
一站式玩转首尔！

Seoul 跟着韩剧游首尔

必游景点
Part 1 宫

除了书中正文提到的韩剧拍摄地，还有以下最值得你探访的目的地！

庆熙宫

庆熙宫可是韩剧《宫》的主要外景地哦！剧中的勤政殿即拍摄于此。

庆熙宫原是仁祖的生父定远君之府，但是光海君以此处充满了王气为由，于1617年抢夺了该地。自那时开始到1620年，庆熙宫终于竣工。初期庆熙宫被称为敬德宫，在1760年（英祖36年）改为现在的名字。当景福宫在壬辰倭乱时被烧毁后，庆熙宫作为朝鲜王朝后期的三大宫殿之一，成为朝鲜王朝的中心舞台。走过兴化门，即可看到宽阔的公园，至崇政殿的阶梯上和阶梯两侧分别雕刻有凤凰纹饰和云朵纹饰，手法精细，是不可多得的精品。

地址：钟路区新门路第二街1-126号
交通：地铁5号线西大门站4号出口
电话：+82-2-724-0221
网站：http://museum.seoul.kr/kor/gyeung/1173415_698.jsp
门票：免费

昌德宫

如果你想欣赏朝鲜时代的建筑与园林之美的话，首选目的地就是昌德宫。韩剧《大长今》也曾在此取景。

昌德宫建于1405年，是正宫景福宫的离宫。因为位于景福宫的东侧，昌德宫与昌庆宫一起被称为"东阙"。昌德宫被光海君重建后充当了正宫的角色，直到高宗重建景福宫为止，昌德宫成为了国王居住时间最长的宫殿。

昌德宫的后苑由各种各样的亭子与莲池、树木与岩石构成，堪称韩国最美丽的庭院。在现存的朝鲜王朝的宫殿中，原貌保存得最良好的昌德宫体现了自然与和谐之美，并于1997年被联合国教科文组织列入《世界文化遗产名录》。

地址：钟路区卧龙洞2-71号
电话：+82-2-762-8261/9513
网站：http://www.cdg.go.kr
门票：成人（19岁以上）15000韩元；青少年（7岁~18岁）7500韩元

昌庆宫

昌庆宫的美景与发生在此的故事都具有独特的吸引力。

昌庆宫建于成宗14年（1483），此宫是成宗专为奉养世祖妃贞熹王后、睿宗妃安顺王后、德宗妃昭惠王后等三位大妃所建。昌庆宫与昌德宫相连，形成了名为"东阙"的宫殿区。昌庆宫除了作为独立的宫殿之外，还补充昌德宫内不足的居住空间。所有的殿阁在壬辰倭乱时期被烧毁，并在1616年重建，但是又因为1830年的大火，内殿被烧毁。幸运的是，我们现在还可以从这场火灾中幸免的明政殿、明政门、弘化门中了解到17世纪朝鲜王朝时期的建筑风格。

明政殿是现存宫殿的正殿中历史最悠久的正殿，显示了当时建筑艺术崇尚华美的风格。明政殿朝东，不同于其他宫殿朝南的特点。经过崇文堂、涵仁亭、欢庆殿、景春殿即可到达王妃的寝宫通明殿，它是昌庆宫内殿中规模最大的宫殿，美丽的莲池给人的印象十分深刻。传说在肃宗时期，禧嫔张氏因为在这里埋了诅咒仁显王后之物而被赐死。

地址：钟路区卧龙洞2-1号
交通：地铁4号线惠化站4号出口，步行300米左右，过马路后向左步行300米
咨询电话：+82-2-762-4868
网站：http://cgg.cha.go.kr
门票：成人（19岁以上）1000韩元；青少年（7~18岁）500韩元。持昌庆宫门票可以游览宗庙

Basic Seoul
一站式玩转首尔！

187

Seoul 跟着韩剧游首尔

宗庙

宗庙为供奉朝鲜时期历代王和王妃以及被推崇的王和王妃神位的祠堂。宗庙为朝鲜时期的寺庙建筑，由正殿和永宁殿组成。宗庙呈现了韩国的儒家传统，并且因为礼仪遗产以及建筑价值等方面的贡献，被评定为世界文化遗产。

宗庙为举行祭礼的地方，所以其建筑不能奢华。正因为如此，建筑风格简练、装饰、色彩和花纹也尽量单纯而简洁，以突出必要的空间。

地址：钟路区勋井洞1-2号
交通：地铁1、3、5号线钟路3街站出
咨询电话：+82-2-765-0195

Basic Seoul
一站式玩转首尔！

Part 2 平民乐园

世界杯体育场及兰芝岛

这可是《巴黎恋人》的外景地哦！

走进世界杯体育场，大大的屏幕打出你的名字：XXXX，欢迎你！作为旅游者多少有些感动。首尔的世界杯体育场作为比赛后利用率极高的赛场典范，有它许多独到之处。

自2002年成功举办了韩日世界杯比赛之后，首尔世界杯体育场积极承办了各种大型文化活动，同时还引进了各种商业和文化设施，它已成为名副其实的"首尔一景"。

在首尔世界杯体育场里面设有多功能电影院"CGV上岩洞店"，这是世界上第一家坐落于体育场内的电影院。10个馆均采用三维立体声音响，共设有1800个座位。

《巴黎恋人》中经常出现的电影院就是这里。《我的名字叫金三顺》中熙真与亨利一起吃着爆米花，看早场电影的外景也是这里。两人一起吃着红豆冰的地方，是Tous Les Jours面包店。这里除了有电影院外，还有家乐福卖场及热疗室等。

经常听到韩国朋友说起兰芝岛，在他们心中，与韩日世界杯一样值得骄傲。

因为兰芝岛过去是个垃圾山，韩国政府为纪念世界杯足球赛的召开，以及治理填埋在此的九千多万吨垃圾，特意在首尔世界杯体育场附近修建了世界杯公园。建成的世界杯公园由和平公园、兰芝川公园、兰芝汉江公园、天国、霞园组成。

垃圾山变平民乐园也成为汉江一大奇迹。

地址：麻浦区城山洞549号
交通：地铁6号线世界杯体育场站1号或2号出口
咨询电话：+82-2-300-5500
（世界杯公园管理办公室）
世界杯体育场网站：
www.seoulworldcupst.or.kr
世界杯公园网站：
http://parks.seoul.go.kr/worldcup
世界杯体育场门票：1000韩元/人（13～64岁）、500韩元/人（12岁以下、65岁以上）
世界杯公园：免费

仙游岛

《花样男子》中金丝草身着婚纱与尹智厚拍照留念的地方就是仙游岛哦！

现实生活中，这里是首尔新人们喜爱的婚纱外景地。这也是一个环保型生态公园，同时也是变废为宝的典范。

通过垃圾再生建成的这座生态公园，非常具有创造性。比如：过滤池变成了美丽的水生植物园，也成了睡莲和荷花的栖息地。公园吸引了诸多游客和市民前来游玩。

仙游岛公园地处汉江附近，站在公园的高处可以俯瞰汉江以及汉江周边的美景。

地址：首尔市永登浦区鹭梁路700号（杨花洞95号）
交通：地铁2号或6号线合井站8号出口，出来朝着桥的方向步行15分钟左右，仙游岛公园就位于右边
门票：免费

Seoul
跟着韩剧游首尔

190

Basic Seoul
一站式玩转首尔！

Coex

年轻人约会，除了购物吃饭，是情侣还要看电影，是哥们还要玩游戏机，被父母牵在手里的"小大人"们还嚷嚷着要看水族馆里的大鲨鱼。

所以，当36000坪巨大的地下COEX Mall落成后，所有人都不约而同地选择了这里。注意，这里可是《我的名字叫金三顺》的外景地哦！剧中，三顺和振轩带美珠去的水族馆正是COEX内的水族馆。水族馆外部墙面上悬挂着曾到过水族馆的明星图片，电视剧取景的地方也贴上了剧照。

没错，楼上就是著名的展馆COEX。展馆前的广场本身就是个条件极好的约会地，不仅有长椅、雕塑，还有彩旗飘飘，但是，请你走进地下，欢迎来到更加精彩的现世"水世界"！

COEX Mall里的街道名称都与水有关，比如"海洋路"、"湖水路"……沿着条条水路，可到达"湖水美食广场"。据说在这里可品尝到八百多种美食！听着就让人心神荡漾。

我敢打赌，女孩子喜欢的各类小店都可以在此找到。时装店达到400间还不能完全涵盖。比如风靡亚洲的Teddy熊店，你可在这里淘到情侣版Teddy、撒娇型Teddy、荡秋千型Teddy……我在这里除了抱走一个帅气的Teddy外，还为它准备了一个蛋糕形状的可爱笔记本，因为想要模仿某部最新流行的韩剧主人公，将Teddy当成自己最好的朋友，天天抱着它写日记！

男孩们可不要觉得无趣。这里有超大的游戏专区。等男孩们打完游戏，女孩子逛街累了后，在宇宙飞船造型的MEGABOX电影院看场电影是个不错的选择。

当然，COEX Mall不只提供简单的休闲娱乐。"泡菜博物馆"可让人对韩国饮食文化探个究竟，"海洋水族馆"则让你从虚拟的水世界来到一个真实的水世界！

地址：江南区三星洞159号
交通：地铁2号线三成站下车
电话：+82-2-6002-5312～3
开放时间：10:00～22:00

北汉山国立公园

这是《老天爷啊！给我爱》的重要外景地哦！

子晴与英善第一次相邀去登山的地方，就是北汉山。后来子晴与英善、王慕三人一起登山，吃英善亲手做的紫菜叶包饭等食物，一起度过了属于三个人的美好时光。

巨大花岗岩形成陡峭曲线是北汉山的最大特点，高耸的岩峰和岩峰间流淌着的清澈溪谷令人动容。虽然山势有些险峻，但是可以观赏到首尔的全景，所以很受游客们的欢迎。

地址：江北区牛耳洞道峰区一带
电话：82-2-909-0497～8
交通：地铁4号线吉音洞站3号出口

Seoul
跟着韩剧游首尔

Basic Seoul
一站式玩转首尔！

Part 3 Hi Seoul Festival
（"你好，首尔"文化节）

2003年第一次去首尔，正好赶上第一届"Hi Seoul Festival"。当时住在首尔广场酒店，楼下就是首尔广场。首尔广场上几乎每天都有公演，一直到深夜人群才散去。公演是免费的，不论是韩国人还是外国人大家都一起跟着演员、舞者一起狂欢，那种气氛不输于欧洲的狂欢节。

"Hi Seoul Festival"自从2008年开始，为不同季节选定不同的主题，成为了四季的庆典。春夏秋冬的主题分别为"宫"、"汉江"、"艺术"、"光"。因季而异的庆典，将每个季节的首尔魅力完全呈现。

这是完全属于首尔市民和旅游者的节日，大家可以一起参与。庆典活动分为文化活动、体验活动、展示活动，因此不仅有观赏的乐趣，更有参与的欢乐。庆典活动分布在古宫、北村、汉江等各大主要景点，以及首尔各大主要剧场、公园以及各大广场等地。

以2009年春季庆典为例。其主题为"首尔之春，在宫中绽放"。庆典之色为粉红色，整个首尔仿佛沉浸在粉红色的海洋。庆典的标志有"春风舞"、"首尔面具"等。

Hi Seoul Festival是非常值得一看的庆典。我采访过春季庆典的艺术导演，她以对艺术的追求和对首尔的热爱完美演绎了"宫"的主题。导演本身就是一个极度浪漫的人，在她的导演下，九重宫殿不再只是历史遗迹，从而转变为敞开的广场之宫。庆典模糊了时空概念，古宫里会有现代演奏，而广场上也搭建了楼宇琼台。拥有数百年历史的首尔之宫，就这样活生生地重新回到现实生活当中。

网站： http://www.hiseoulfest.org
咨询电话： +82-2-922-2861
传真： +82-2-3789-2500

Seoul 跟着韩剧游首尔

Part 4 博物馆

龙山国立中央博物馆

韩剧《每当夜晚来临》在龙山国立中央博物馆举办了新闻发布会，创韩剧之先河。导演声称，这是一部以保护国家文化艺术财产为题材的韩剧，才决定在博物馆举行发布会。对想全面了解韩国文化的游客而言，国立中央博物馆是一个很好的参观地。国立中央博物馆收藏有15万件珍稀物品，内容涵盖考古、历史、美术等领域。除陈列亚洲相关文化遗产的常设展厅外，博物馆内还设有企划展厅、儿童博物馆、露天展厅等。这也是展示韩国民族文化的代表性场所。

地址：龙山区龙山洞6街168-6号
网　址：http://www.museum.go.kr/ChisMain.do
电话：+82-2-2077-9000（汉语）
开放时间：周二～周五 09:00～18:00，双休日及节假日 09:00～19:00
门票：成人2000韩元；青少年1000韩元

化妆博物馆——探源与自制韩妆

Space C，一听名字，就知道是个独特的空间。位于江南新沙洞的时尚街区，这个街区的咖啡店、杂货铺、时装店林立，可以说是首尔新时尚的集中代表地。Space C独占一座大楼，其全称是高丽雅娜化妆博物馆。在Cafe Space C的露天招牌黑板上，写着Cafe Space C+Open Gallery Museum Cafe，昭显里面大有玄机。

的确如此，这里不仅有韩国首个博物馆Cafe，即Cafe Space C，还有"传统化妆品展示区"、"现代美术展示馆"、"自制化妆教室"以及风景无限好的楼顶花园。

大楼的设计颇有创意。韩国传统美妆与现代美术既有视觉上的冲击同时又仿佛有着千丝万缕的联系。这一切，值得你在一个化妆品博物馆的咖啡馆里，好好去玩味。

韩国美妆文化有着悠久的历史，你可在这个博物馆里追本溯源。从韩国三国时代到开化期韩祖先的化妆文化在此一览无遗。这里陈列着古代油瓶、喷水器、镜台、衣服和装饰品等体现化妆文化的物品，包括过去人们用的炭画眉、红花籽口红、胭脂等一些道具和材料。

回到现代，在"自制化妆教室"，你可以随心所欲地自制化妆品。利用那些取之于植物原材料的色油，任意选三种颜色搭配，用微波炉加热一会，然后盛放在各式各样的小盒子里——你也变身"美妆大师"了！

其实，整个化妆品博物馆，主题综述就一个：艺术与商品、艺术与生活，并无多大距离。Cafe Space C也是现代艺术的展示空间。咖啡馆由韩国著名现代艺术家崔正华设计，包括色彩鲜艳的沙发、用螺丝做成的桌子都是艺术家的作品。当你坐在艺术家的作品上小啜，那种对现代艺术看得见、摸得到、感觉得到的咖啡体验，是有别于其他千篇一律的咖啡文化的。而我们天天接触的美妆，不同样也是看得见、摸得到、感觉得到的艺术么？

Basic Seoul
一站式玩转首尔!

电话：82-2-547-9177
交通：地铁 3 号线狎鸥亭站 3 号口出
网址：www.spacec.co.kr
门票：成人 3000 韩元，学生 2000 韩元；周日、公休日闭馆

Seoul
跟着韩剧游首尔

北村五大博物馆

在韩剧古装片中经常看到的韩国结，不论是佩带儿、腰带、香囊、扇坠、流苏等都很漂亮。韩国结也有非常多的寓意，比如象征夫妻和睦的双蝶结、代表着富贵荣华的南瓜结、寄愿早生贵子的辣椒、茄子和蝙蝠模样幸运结等。位于嘉会洞的东琳结艺博物馆就是一个全面展示韩国结的地方。这是一座韩屋建筑，博物馆内不仅展示着多种幸运结，也为游客提供学习制结的机会。学做幸运结大概需要一个多小时。由于使用丝绸为材料，价格会比仁寺洞街上售卖的幸运结稍贵。像制作手机链韩国结，大约需要 5000 韩元（模样不同价格不同）。

在韩屋聚集的嘉会洞，除了东琳结艺博物馆，北村附近还有嘉会博物馆、韩尚洙刺绣博物馆、韩国佛教美术博物馆、首尔鸡文化馆等。你可买张通票游遍这五个博物馆，价格要比单独参观价钱便宜约五千韩元。

东琳结艺博物馆

地址：首尔市钟路区嘉会洞 11-7 号

营业时间：10:00～18:00（每周一休息）

报名：要申请外语授课时，需通过 E-mail(shimyoungmi@korea.com) 提前 3 天预约。

交通：3 号线安国站 2 号出口，再乘坐 2 路区间车至 Donmi 药店下。由右侧小路进，往前走 50 米左右即是

Basic Seoul
一站式玩转首尔！

娱乐

Part 1 韩式无言表演

与韩剧的流行一样，韩式无言表演（non-verbal performance）在世界也广受关注。其情节诙谐易懂，配合精心编排的动作，以及绚丽的舞台效果，十分具有可看性。

JUMP

这是韩国传统的武术跆拳道和Taekkyeon，还有高难度的杂技表演相结合的演出，非常值得一看。整个剧情十分幽默生动，也有中国演员参与演出哦！

地址：钟路区贯铁洞33-1 Cinecore剧场地下2层
电话：82-2-2264-1770
网站：www.yegam.com/jump/chg

乱打

将韩国传统的四物游戏与西方音乐剧相结合，以现代感觉重新改编。全部使用真实的厨具，砧板上的菜是如假包换的大白菜、红萝卜、黄瓜、洋葱，演出时菜叶漫天飞舞，观众看得兴起，直呼过瘾。"乱打"每年吸引100万游客，可以说是具有代表性的韩国表演。乱打不仅在首尔设立了乱打专用馆，并在纽约百老汇大街设立了专用馆，常年公演。

地址：中区贞洞15-5号（乱打专用剧场）
电话：82-2-739-8288
交通：地铁1号线市厅站1、12号出口出；地铁5号线西大门站5号出口出来即至
网址：nanta.i-pmc.co.kr

Part 2 俱乐部

《我的名字叫金三顺》中，男女主角经常相约爵士俱乐部；而在《巴黎恋人》里经常呈现的俱乐部画面，也让人一窥首尔年轻人的娱乐生活。那些有代表性的俱乐部对韩国大众文化的发展具有相当大的影响力。

弘大前Club的鼻祖——Free bird

是弘大附近具有代表性的俱乐部，也是一家老字号的俱乐部，同时也是弘大附近历史最悠久的现场演奏俱乐部。

俱乐部位于地上二楼，也是弘大附近唯一一家位于地上的俱乐部。每天晚上都有兼具个性及实力的独立乐团上台表演，因此也培养出不少有实力的音乐人。

地址：麻浦区西桥洞364-22金山大楼2楼
电话：82-2-333-2701
交通：地铁2号线弘大入口站6号出口
网址：http://www.clubfreebird.com

Seoul
跟着韩剧游首尔

与韩剧的流行一样，韩式无言表演（non-verbal performance）在世界也广受关注。

Basic Seoul
一站式玩转首尔！

韩剧中出现频率最高的俱乐部 ——Once in a blue moon

"Blue Moon"意为一个月有两次满月之现象，这本是"不太可能发生的事"。但在韩剧中，这家俱乐部是经常出现的诠释"不可思议的爱情"的外景地。

在《我的名字叫金三顺》中振轩和熙真手持红酒欣赏爵士乐表演的地方便是这里。在《巴黎恋人》、《绿蔷薇》、《家门的危机》等韩剧中，都有此俱乐部的场面。

从招牌上的蓝色光影可一窥其浪漫，晚上的演出中，表演各种乐器的帅哥们悉数登场，很有《巴黎恋人》中男二号忧郁艺术家的味道。

餐饮价格：红酒或白酒 50000 韩元起
晚餐套餐：65000～70000 韩元
营业时间：17:00～次日 02:00
交通：地铁 3 号线狎鸥亭站出
网站：www.onceinabluemoon.co.kr

爵士乐代表——Evens

如果你想找一家具有年轻气息的爵士俱乐部，来 Evens 就对了。位于弘大前，俱乐部受到许多年轻爵士迷的喜爱。这里弥漫着优雅而自由的爵士气息，是具有首尔特色的爵士俱乐部。

地址：麻浦区西桥洞 407-3 号
电话：82-2-337-8361
交通：地铁 6 号线上水站 1 号出口
网址：http://www.clubevans.com

摇滚乐代表——FF 俱乐部

这里是摇滚乐的天堂。不仅有激情的现场摇滚乐，还有摇滚舞蹈派对，可谓音乐俱乐部与舞蹈俱乐部的结合。很多人成为 FF 俱乐部的粉丝。

地址：麻浦区西桥洞 407-8 地下 1 楼
交通：地铁 6 号线上水站 1 号出口
网址：http://2005clubff.cyworld.com

Part 3 CGV 影城

韩剧《巴黎恋人》中,由于女主角在电影院工作,所以时常出现在电影院里约会的画面,让人看后也有"好想去那里看电影"的心动。
而在现实生活当中,看电影也是情侣约会的日常节目哦!

CGV 影城,在韩国各地共有 24 家。几乎每家都有自己的主题。
CGV 是由韩国 CJ、香港金禾(Golden Harvest)以及澳大利亚 Village Roadshow 三大公司合资创建的多媒体剧院。影院内设有类似飞机头等舱概念的 Gold Glass Lounge,是 VIP 客人的休息室,也是经常举办新闻发布会的地方。

CGV 影城上岩店

CGV 影城上岩店是《巴黎恋人》的外景地。苔玲为了启柱在电影院里唱歌的场面就拍摄于此。这也是世界上第一个位于体育场内的电影院,有一千八百多个座位。

地点:麻浦区城山洞 515 号世界杯体育场 1 楼
咨询电话:+82-2-2128-2002
交通:地铁 6 号线世界杯体育场站 2 号口出,体育场北门
网址:www.cgv.co.kr

CGV 影城龙山店

这里也是韩剧《白色的谎言》的外景地哦,圆形包厢就是男女主角谈心的地方。影院与玛莎百货相连,方便一站式购物与娱乐。

CGV 影城龙山店的主题是科幻。这里是韩国第一个画面最大、影片真实效果最好的 IMAX 电影院,并拥有首尔地区放映屏幕最大的 5 个放映馆,另外,当你在休息等待的时候可以玩 SONY 公司给观众免费试玩的电动游戏。

走进电影院,头顶的天花板如星空闪耀,非常配合龙山站的主题——科幻。很多艺人明星会来这里的 Gold Glass Lounge 休息。

地址:龙山区汉江路 3 街 40-999 IPARK MALL 6 楼
交通:地铁 1 号线龙山站出
咨询电话:+82-2-1544-1122

Basic Seoul
一站式玩转首尔！

Seoul 跟着韩剧游首尔

购物
Part 1 精品街

三清洞精品街

这是非常优雅的街道，顺着坡度不大的马路，有许许多多精品商店和咖啡馆鳞次栉比。这里的商店连橱窗都很有看头。三清洞街一般是指从地铁三号线安国站一号出口的东十字阁到三清公园的一段。由于供奉道家太清、上清、玉清三大圣贤的三清殿位于此地，因而得名"三清洞"。到了秋天，这里也是观赏银杏和红叶的好去处。

三清洞后街也有许多精品商店，在狭窄的胡同里闲逛，也别有乐趣。

交通：地铁3号线安国站1号出口

Luielle

这家店的特色是韩国风情混搭着法式风情，十分浪漫。这里帽子的价格在10万到20万韩元之间，可送货上门。

电话：82-2-720-0309
时间：10:00 ～ 19:00（平日），10:00 ～ 18:00（周六/日）每月第一周的星期日休息
网站：www.luielle.co.kr

闺房

出售精美的韩国布艺。这里有精细的刺绣棉、华丽的丝衣、可爱图案的桌布，都是主人手工制作的布艺，在蔚山地区手工染色制作出来的。

电话：82-2-732-6609
地址：钟路区昭格洞30号

新沙洞精品街

如果你要问韩剧里女主人公漂亮的鞋子在哪里买的，很多人会告诉你是在新沙洞。这是许多首尔人心中最美的林荫道，对游客而言，也是体验江南美学的好地方。韩剧《我的甜蜜都市》大部分都在江南区取景，而新沙洞更是男女主人公经常约会的地方哦！

新沙洞道路两边绿树成荫，掩映着充满小资风情的精品店铺。这里有直接进口的伦敦服饰、意大利米兰服饰、日本服饰，你可以在此购买到许多难以寻找到的外国名牌。更有许多设计师自行设计及制作的服饰在这里亮相。

这里的咖啡馆开到很晚，在美女帅哥们的聚会背景下，更自成一派风情。

交通：地铁3号线新沙站出。

Fashion Bliss

这家粉红色门面的鞋店可是韩星宋慧乔、蔡琳等的最爱哦！这里出售清纯可爱的平底鞋，像芭蕾舞女演员穿的鞋子。根据三百余种脚的模型，采用高级材料制作的这些平底鞋，不仅款式多样而且很舒适。

电话：82-2-549-3691
地址：江南区新沙洞534-13号
营业时间：10:30 ～ 21:00
网址：www.fashionbliss.co.kr

GORILLA IN THE KITCHEN

这是韩星裴勇俊开的健康料理店，在餐厅里还设有健康咨询中心，为客人诊断体质，推荐适合的运动。这里的所有餐点皆不含人工奶油，也没有油炸类食物，而是用香草等自然食材来提味。除了裴勇俊本人，苏志燮等明星也是这里的常客。

地址：江南区新沙洞650号
电话：82-2-3442-1688

Basic Seoul
一站式玩转首尔！

203

Seoul
跟着韩剧游首尔

103

时尚网店 at home (www.eathome.co.kr) 经营的实体店 "103"。这里的商品是在一般网店里很难买到的别致衣物，或者是从伦敦和日本等地买回来的物品。过季了的商品出售后获得的收入还会捐给非洲难民。

电话：82-2-3442-1688
位置：林荫小道中间，Urban Art 旁
价格：T恤 20000 韩元左右 连衣裙 80000 韩元左右

Karel

这里售卖各种奇趣的生活用品，包括可爱而实用的厨房用品。

地址：江南区新沙洞 547-2 号
位置：林荫小道现代高等学校方向，Book binders design 旁
营业时间：11:00～19:00
价格：1000 韩元左右

Gallery hong

韩剧《宫》的许多古董家私出自于这里哦！这里的家私是中国设计师灰姑娘张的作品。

地址：江南区新沙洞 525-26 号（GOSEN 大厦 1F）
价格：40 万韩元起
咨询：82-2-543-4760

清潭洞精品街

这里也是容易邂逅演艺明星的地方哦！清潭洞总是给人高贵和出身名门的印象。

国际一线大牌几乎齐聚这里。这条街仅长 1 公里，店铺排列在街道两旁，可以一目了然。这里还有许多品味与品位俱佳的咖啡馆和餐饮店，也时常成为韩剧的拍摄地。

由宋慧乔和玄冰饰演的韩剧《他们的世界》中，第一集出现的第一个场面就是在清潭洞的漫步咖啡屋拍摄的。这里的咖啡屋时常是许多电视剧和电影的首选拍摄地。据说现实中宋慧乔和玄冰也常常在清潭洞的咖啡馆约会哦。

清潭洞与最近的地铁车站清潭站和狎鸥亭站都有一段距离，初次去的人，最好搭乘出租车前往。如果从清潭站出来的话，HUGO BOSS 品牌店就是这条街的入口；从狎鸥亭站出来的话，COACH 店就是这条街的入口。

如果你想一站式扫名牌货的话，那可以去 Galleria 百货店。百货店分为名品东馆和名品西馆两座建筑物，东馆有 CHANEL、FENDI、TIFFANY、BVLGARI 等品牌店，西馆有 LOUIS VUITTON、LOEWE、ANNA SUI 等品牌店。

10 corsocomo

首尔的 10 corsocomo 是时尚潮人一定要去的地方。这里是一个复合的文化空间，里面包括画廊和书店、时尚商品店等。早在 1990 年，《VOGUE》前总编 Carla Sozzani 在米兰最先设计了这种复合的文化空间。首尔的 10 corsocomo 共分三层。售卖自家品牌商品、美容用品、生活杂货等，还有 Miu Miu、John Galliano 等名品。

这里的店铺设计充满了灯光美学，店铺本身就很具观赏性。就算不买东西，在 Garden Cafe 坐一坐心情也很好。咖啡来自著名的 Illy 品牌，甜品亦很棒。

不能错过首尔限定版 10 Corsocomo Tee 与 Tote Bag，是别处买不到的哦！

地址：江南区清潭洞 79 号
电话：82-2-3018-1010
交通：地铁狎鸥亭站出来步行 15 分钟

漫步咖啡屋

《他们的世界》等众多韩剧的外景地。

电话：82-2-544-3082～3
交通：地铁 7 号线清潭站 9 号出口，前行至清潭十字路口后右转（步行约 10 分钟）

Basic Seoul
一站式玩转首尔！

Part 2 最具代表性的韩国百货店

乐天百货商店

乐天百货（山分店）可是《老天爷啊！给我爱》的外景地哦！你可以像电视剧中担任彩妆师的子晴一样，在这里选择适合各季节的彩妆用品及服饰。

乐天免税店是韩国最有代表性的免税店，本店位于首尔的市中心，与南大门市场、景福宫、南山、梨泰院等为邻。免税店在乐天百货店9层和10层，聚集了众多海内外世界名牌。这里有韩国特产专卖区及进口商品区。乐天百货与酒店连成一体，方便购物与下榻。

乐天免税店（本店）地址：中区小公洞1号
交通：地铁2号线乙支路入口站下车，与7、8号出口相连
乐天百货（山分店）
交通：地铁3号线鼎钵山站出

新罗免税店

新罗免税店也是韩国具有代表性的百货商店。新罗免税店位于新罗饭店的院落之中。

免税店分地上2层和地下1层，面积将近五千平方米。网罗了LouisVuitton、Chanel、Hermes等500余种世界著名品牌，还有陶瓷品、紫石英、民间工艺品和人参、泡菜等韩国土特产品。

交通：地铁3号线东大入口站下，5号出口出来就是新罗饭店正门；在新罗饭店正门乘坐班车可直接到达免税店

Basic Seoul
一站式玩转首尔！

Part 3 韩国本色传统市场

踏十里

地铁5号线踏十里站周边汇聚着许多古玩美术商店，是古董迷们非常喜欢的地方。

三喜古美术商街由3栋大楼组成；再向东南方向走500米左右，可来到长安坪古美术商街，由2栋大楼组成。与格调高雅的仁寺洞古董街不同，踏十里远离闹市，还保留着庶民的生活气息，是平民化的古玩美术商街。

地址：东大门区踏十里第四洞
交通：地铁5号线踏十里站

广藏市场

这里聚集了许多制作韩服的面料店和缝纫店，可以以低廉的价格购买面料、韩服、男装、女装、床上用品等。

地址：钟路区礼智洞6-1号
电话：+82-2-2267-0291

京东药材市场

这里是韩国最大的药材市场，韩国料理店经常使用的韩国药材，大部分在这里有售哦。比如最著名的五味子，经过干燥处理后的五味子可以做成好喝的五味子茶，不仅润肺，也有美白功效。韩国传统药茶在这里也有出售，比如在女性中人气很高的香草茶。

你在这里还可以购买到富有韩国特色的货真价实的"药材面膜"，和水融合后就可使用了，爱美的你绝对不要错过哦！

交通：在地铁1号线祭基洞站下车

207

Seoul 跟着韩剧游首尔

Part 4 平价乐淘地

梨泰院

这里也是《我的名字叫金三顺》的外景地哦！

三顺在巴黎和前男友初吻的地方便是位于梨泰院的法国餐厅 Le Saint-Ex。此外，Bon Appetit 主厨向三顺强力推荐的可丽饼店便是位于梨泰院的 ARVORIG。醒目的红色墙纸簇拥着艳丽的吊灯，英俊的法国厨师呈上梦幻般的可丽饼与烤薄饼，值得一去。

梨泰院是韩国战争后，美军等驻扎的地方，因而形成了商圈，至今仍是许多外国人喜爱的地方。这里有各国风味餐厅、酒吧等。

哈密尔顿购物商城的优点是，在这里可以一站式购买皮革、西服、手表、包、饰品等，不仅便利，而且物美价廉。现代购物中心可以说是想要购买大号服装的人们的天堂。周边还有可定做鞋、衬衫、西服的店家。梨泰院地区的店主会一些简单的外语，可以讨价还价。

交通：地铁 6 号线绿沙坪站或梨泰院站出

纽约泰勒

这里的设计师以丰富的设计与熟练的手艺著名。刚果总统与好莱坞明星斯蒂芬·西格尔等都在这里做过西服。你可以在此定做特大号西服。

电话：82-2-749-8222

东大门

这里是《男版灰姑娘》的外景地哦！

这部韩剧讲述了发生在东大门市场上的有关爱情和成功的故事，允儿饰演的徐有珍先在东大门市场干活，之后进入了服装公司设计部工作。

如果你想花少少钱买美美的衣服，并乐衷于淘货的乐趣，那东大门是你一定要去的地方。这里也是《老天爷啊！给我爱》的外景地。担任王慕彩妆师的子晴，希望能在心仪的王慕面前展现美好的一面，因此前往购物中心采购新衣。第 8 集中穿着新衣的子晴，正幻想着王慕被焕然一新的自己所吸引。

剧中子晴的蓝色裙装与上衣，便是在东大门的 helloapm 购物中心所购买。最新落成的 helloapm 购物中心营业至凌晨，是东大门购物的最佳场所之一，附近还有著名的 doota、Migliore 等购物中心。

在此可体验精打细算地购物，并享受美食。

注意：地铁 4 号线东大门站的 4 号出口处遍布了许多韩服店，是购买韩服的最佳场所。

交通：地铁 2、4、5 号线，东大门运动场站 1 号出口

208

Basic Seoul
一站式玩转首尔!

Seoul
跟着韩剧游首尔

helloapm
电话：+82-2-6388-1114
网址：www.helloapm.com

南大门
　　这里是淘便宜货的好地方。南大门市场的源头可追溯到六百多年以前的朝鲜时代。由于历史悠久，规模大，商品种类繁多，至今人来人往，经久不衰，也是韩国最具代表性的平民综合购物市场。

　　如果你是在圣诞节前来，一定不要错过南大门市场。这里不仅有价格低廉的圣诞新年礼物，华丽的照明和圣诞装饰物也让人大饱眼福。

交通：地铁4号线会贤站下车，

5号出口南大门市场方向
休息日：每周日休息
咨询电话：+82-2-752-5728
营业时间：05:00～18:00
(批发市场：23:00～次日03:00)

Basic Seoul
一站式玩转首尔！

Part 5 明星美容店

韩国明星的皮肤时常可以用吹弹即破来形容，无论从什么角度拍摄都几乎能达到完美的程度。如果你想像明星一样完美，也可以专程前来美容或整容。如果你是以整容为目的，那推荐你住宿在清潭洞与新沙洞附近，这里可是美容整容医院的大本营哦。

The Amore Gallery

该店由仁川国际机场的设计师 Jean-Michel Wilmotte 设计，建筑本身就是艺术品，在这里可以免费试用各种化妆品，还可以免费获得化妆艺术师的专业建议。

The Amore Gallery 地下一层为护肤室，主营皮肤管理。一层陈列着韩国太平洋公司的 5 大品牌商品，无论购买与否，均可免费试用所有化妆品；二层和三层分别为 VIP 化妆区和活动厅。

地址：江南区新沙洞 663-1 号
咨询电话：+82-2-1330
交通：地铁 3 号线狎鸥亭站下，从 Gallery 百货公司方向出，徒步 15 分钟即至

Clinic-M 皮肤美容院

地址：江南区清潭洞 141-18 号 K 大厦 3 楼
网址：www.clinic-m.co.kr

朴原辰整形外科医院

地址：瑞草区瑞草洞 pagoda 大厦 15 楼
网址：http://www.parkwonjin.com.cn

Dob 皮肤美容院

地址：江南区新沙洞 657-38 号 2 楼
咨询电话：82-2-516-6590

李嘉子 RED CLUB

地址：忠武路 1 街 22-5 号 6 楼
咨询电话：+82-2-774-2955

Seoul
跟着韩剧游首尔

酒店
Part 1 特一级酒店

首尔的酒店分为特一级、特二级、一级、二级、三级等。特一级是最好的酒店。

Grand Hilton Hotel

这里是《我的名字叫金三顺》的主要外景地！

三顺与男友分手，还有被破坏的相亲都是在这里拍摄的。酒店的挑高大堂非常气派，也是许多人约会的场所。希尔顿大酒店曾多次出现在韩剧中，尤其是婚宴厅最受剧组喜爱。比如《老天爷啊！给我爱》中子晴和王慕的婚礼就在此举行。《爱在哈佛》等知名电视剧也曾在此拍摄。

交通：乘坐仁川国际机场602-1路机场大巴，在Grand Hilton Hotel 前下车。
咨询电话：+82-2-3216-5656
主页：www.grandhiltonseoul.com

梅菲尔德酒店（May Field）

这里有仿若夏天的庭园。整座酒店与周围的自然环境融为一体；这里有首尔最高水准的健身设施；这里离机场很近，每年7至8月，酒店为所有的旅客提供免费树林体验活动，从酒店到金浦机场仅需5分钟，而到仁川机场也只要30分钟即可。

地址：江西区内铁山第二洞426号
联系电话：+82-2-2660-9000
网址：http://www.mayfield.co.kr

W 酒店

韩剧《春天的华尔兹》里，俘获无数女人心的丹尼尔淋浴场面拍摄于华克山庄旁的W饭店。剧中，菲力浦的客厅也在此取景。首尔W酒店是亚洲第一家W酒店，从落成开始，就成为首尔城中时尚的代名词。酒店的客房以不同的颜色和香味进行装饰，有红与白营造出的浪漫氛围的 Wonderful Room，拥有最先进媒体系统的 Cool Corner Room，可以进行水疗以舒缓身心的 Fabulous Room，站在户外凉台上可以尽情呼吸峨嵯山清新空气的 Spectacular Room 等。这里已成为首尔人最喜欢的时尚空间。

地址：广津区广壮洞 21 号
联系电话：+82-2-465-2222
网站：http://www.wseoul.com
交通：地铁 2 号线江边站 2 号出口出，乘免费班车前往即可（每 20 分钟发车）

新罗酒店（Shilla Hotel）

这是韩国明星权相宇和孙泰英举行世纪婚礼的地方哦！新罗酒店是韩国三星旗下的品牌酒店，非常富有韩国当代特色，被誉为"浪漫艺术的酒店"。毗邻南山，环境优美。店内设施将古典华贵的韩国风格与现代气息完美融合在一起。酒店将艺术品展示区域延伸至酒店室内，展出约直千件作品，包括油画、素描、陶器及雕像等。

这里有全首尔最大面积的宴会厅及会议室，放置着 Salvador Dali、毕加索、Antonia Pierre 及韩国籍艺术家 Ki Chang Kim 等知名艺术家的作品。酒店的房间有韩式地暖设施。

地址：中区奖忠洞第二街202号
联系电话：+82-2-2233-3131
网 站：http://www.shilla.net/cn/seoul/index.jsp

丽兹卡尔顿酒店（Ritz Carlton）

时尚的江南区，酒店的设计多次获得各大奖项，是一座现代化的杰出建筑。

地址：江南区驿三洞 602-4 号
网址：http://www.ritzcarltonseoul.com

Basic Seoul
一站式玩转首尔！

Part 2 传统韩屋

Tea House

　　Tea House（茶屋）既是背包游客的旅店也是可以学习传统茶文化的空间。院子里种植着花草，摆放着石灯、石磨等传统用具。让人感受到韩国的传统美，还摆放着椅子，供客人们在此谈笑风生。房间里有古朴的老家具、电脑和干净整洁的被褥及可以体验韩国传统的暖炕。卫生间装修现代，屏风和画框等摆设无不展现出韩国传统特色与韵味。外观为传统的韩屋，室内则经过了改建，符合现代人的生活方式，也是国内外游客体验韩屋，学习领略茶文化的首选地。

地址：钟路区桂洞 15-6 号
咨询电话：82-2-3675-9877
房间：5 间

首尔韩屋客房旅馆

　　首尔韩屋客房旅馆是桂洞地区韩屋客房旅馆的鼻祖，与其他韩屋客房旅馆相比，更加宽敞，设施更加完备。庭院点缀得十分精致，处处摆设着散发传统风情的装饰品，让人时刻感受到韩国本土的特色韵味。

地址：钟路区桂洞 135-1 号
咨询电话：82-2-745-0057
房间：10 间
网站：www.seoul110.com

Guest House

　　北村韩屋体验馆是位于北村韩屋村的旅社（Guest House）。推开大门入内，有一个小小的院子，围绕着这个正四方形的院子，四周都是客房。为了阻隔客房之间的视线，让客人有看到古宅墙面的感觉，还堆砌起传统墙来划分区域。墙边以花草装点，缸和石磨等韩国传统用具和野花相映成趣，展现出韩国的古典风情。

地址：钟路区桂洞 72 号
网站：www.bukchon72.com
咨询电话：82-2-743-8530
房间：单人间 1 间、双人间 2 间、标准间 1 间、大房间 1 间

Basic Seoul
一站式玩转首尔！

Part 3 5S 体验
——首尔创意经济酒店

"伊诺斯特"由创新（Innovative）与住宿设施（Hostel）两个词合成，含有创新的住宿设施之意。首尔为了向外国游客提供物美价廉的住宿设施，正在运营和完善经济型住宿"伊诺结算系统"，并严格筛选可以沟通外语的经济型饭店。

"伊诺斯特"倡导 5S 体验。标志中间有代表首尔的英文首字母"S"。此外，标志蕴含着几个要素。客户需要合理的价格——Smart、具备简洁而完备的设施——Simple、安全舒适——Safe、使客户满足百倍——Smile。

比如古宫酒店，是"伊诺斯特"系统酒店之一。从饭店步行 10 分钟即可到达昌庆宫、昌德宫、宗庙、仁寺洞、广藏市场和清溪川等著名旅游景点。饭店附近还有东大门时装城、大学路马罗尼矣公园等购物和旅游胜地，地理位置非常好。价格亦十分便宜，约 5 至 8 万韩元。

再比如南山 PARK 酒店，背靠南山，位于明洞和南大门之间，是非常适合购物和旅游的住宿场所。该酒店以韩国独特风格的装修和合理的价格拥有很多"回头客"。价格亦很便宜，约 5 至 10 万韩元左右。

特别推荐：伊诺斯特（Innostel）中文网站
http://innostel.visitseoul.net/cn1
有详细的经济型酒店资讯，可网上预订酒店，该网站非常适合自助行的游客。

南山 PARK 酒店
电话：+82-2-779-7941
地址：中区会贤洞 2 街 72-8 号

古宫酒店
电话：+82-2-741-3831
地址：钟路区苑南洞 177-1 号
网站：www.hotelgogoong.co.kr

上海文艺出版（集团）有限公司
图书在版编目（CIP）数据

跟着韩剧游首尔 / 赵卓琳，翟东风编著. – 上海：上海锦绣文章出版社，2010.2（初版）
书号 ISBN 978-7-5452-0530-5
Ⅰ.①跟… Ⅱ.①赵… ②翟… Ⅲ.①旅游指南 – 首尔 Ⅳ.① K931.269
中国版本图书馆 CIP 数据核字（2010）第 015973 号

跟着韩剧游首尔

出 品 人	何承伟
责任编辑	夏青根
装帧设计	颜明平面设计工作室
责任督印	张　凯
出　　版	上海锦绣文章出版社·上海故事会文化传媒有限公司
发　　行	上海文艺出版（集团）有限公司
	电话：021-64173007
	传真：021-64172001
地　　址	上海市瞿溪路 1365 弄 3 号 3 楼
邮　　编	200032
印　　刷	上海中华商务联合印刷有限公司
版　　次	2010 年 2 月第 1 版　2010 年 2 月第 1 次印刷
规　　格	889×1194　32 开　印张 6.75
书　　号	ISBN 978-7-5452-0530-5/K·157
定　　价	48.00 元

如发现本书有质量问题，请与印刷厂质量科联系 Tel:021-68915165

版权所有·不准翻印

STORIES

上海故事会文化传媒有限公司　出品（00269）
www.storychina.cn

上海故事会文化传媒有限公司所有图书可办理邮购，免收邮费（挂号除外）
汇款地址：上海市南绍兴路 74 号（200020）；收款人：上海故事会文化传媒有限公司
联系电话：021-54667910